Billy Wilder

Billy Wilder: um repórter em tempos loucos

Textos da Berlim de Weimar e
da Viena entreguerras

ORGANIZAÇÃO E INTRODUÇÃO
Noah Isenberg

TRADUÇÃO
Tanize Mocellin Ferreira

© Noah Isenberg 2021

1ª edição

PREPARAÇÃO
Maria Fernanda Alvares

REVISÃO
Pamela P. Cabral da Silva
Vitor Jasper

ASSISTENTE EDITORIAL
Gabriela Mekhitarian

CAPA
Beatriz Dorea

Impresso no Brasil/*Printed in Brazil*

Todos os direitos reservados à DBA Editora.
Alameda Franca, 1185, cj 31
01422-001 — São Paulo — SP
www.dbaeditora.com.br

Dados Internacionais de Catalogação na Publicação (CIP)
(Câmara Brasileira do Livro, SP, Brasil)

Wilder, Billy, 1906-2002

Billy Wilder: um repórter em tempos loucos: textos da Berlim de Weimar e Viena Entreguerras/Billy Wilder; organização e introdução Noah Isenberg; tradução Tanize Mocellin Ferreira. -- 1. ed. -- São Paulo, SP: Dba Editora, 2022.

Título original: Billy Wilder on assignment: dispatches from Weimar Berlin and interwar Vienna.

ISBN 978-65-5826-044-8

1. Berlim (Alemanha) - História - 1918-1945 2. Berlim (Alemanha) - Vida social e costumes 3. Cinema - História 4. Jornalismo - Alemanha - Berlim - História - Século 20 5. Jornalismo - Áustria - Viena - História - Século 20 6. Viena (Áustria) - História - 1918 I. Isenberg, Noah. II. Título.

22-118354 CDD- 073

Índices para catálogo sistemático:
1. Jornalismo: Europa Central 073
Eliete Marques da Silva - Bibliotecária - CRB-8/9380

Todos os direitos reservados. Nenhum trecho deste livro pode ser reproduzido ou transmitido por qualquer meio eletrônico ou mecânico, incluindo fotocópias, gravações ou através de qualquer sistema de armazenagem, sem a permissão por escrito da editora.

Agradecemos pela permissão para reimprimir os seguintes materiais: figuras 8, 9, 12 e 13 da Deutsche Kinemathek; figura 14, da Österreichische Nationalbibliothek; figuras 1, 2, 4, 5, 6, 7, 10 e 11, do Filmarchiv Austria.

SUMÁRIO

Prefácio à edição americana: um repórter itinerante, um conto de duas cidades e a formação de Billy Wilder 13

I. Extra! Extra! Matérias, artigos de opinião e reportagens especiais sobre a vida como ela é 35

"Garçom, um dançarino, por favor!" 38
Promenaden-Café 60
Que frio — em Veneza! 61
Foi por aqui que Cristóvão Colombo chegou ao Velho Mundo 65
A arte dos pequenos ardis 68
Naftalina 71
Tudo, menos a objetividade! 73
Quando faz vinte e nove graus 76
Dia fatídico 78
Procura-se: o otimista perfeito 80
Renovação: uma ode às cafeterias 83
Por que os fósforos não têm mais aquele cheiro? 86
A rosa de Jericó 89
Pequena lição econômica 91

Terror fílmico: sobre a ameaça de ser fotografado 93
Rendez-vous em Berlim 96
Voo noturno sobre Berlim 98
O negócio da sede: o que as pessoas bebem hoje em dia 101
Aqui estamos no Film Studio 1929 103
Como gravamos nosso filme 106
Levando livros aos leitores 111
Como achaquei Zaharoff 115

II. Perfis de gente ordinária e extraordinária 119

A missão teatral de Asta Nielsen 120
Meu "príncipe de Gales" 124
As descobertas de Lubitsch: uma seleção de elenco feita pelo maior diretor dos Estados Unidos 128
As Tiller Girls chegaram! 130
O internato das Tiller Girls no Prater 133
O filho de Girardi toca jazz no Mary Bar 135
Paul Whiteman, seu bigode, o Cobenzl e as tavernas 137
Whiteman triunfa em Berlim 141
Eu entrevisto o sr. Vanderbilt 144
O príncipe de Gales sai de férias 148
Chaplin II e outros no Scala 151
O sósia: a história de um camaleão chamado Erwin 154
Um ministro a pé 156
Entrevista com uma bruxa: a mais nova profissão feminina 158
Grock, o homem que faz o mundo sorrir 163
Dez minutos com Chaliapin 166
Claude Anet em Berlim 168

Na casa da mulher mais velha de Berlim 169
Felix Holländer 170
O estadista mais velho entre os críticos de teatro de Berlim 173
A moça do BZ e o príncipe da Coroa alemã 174
Stroheim, o homem que amamos odiar 178
Um artista do pôquer: a magia de Fritz Herrmann 183
"Alô, sr. Menjou?" 188
Klabund morreu há um ano 193

III. Críticas de teatro e cinema 197

Broken Barriers [Barreiras quebradas, 1924] 198
Ehekonflikte [Conflitos conjugais, 1927] 200
Eichberg grava um filme 201
Der Bettler vom Kölner Dom [O pedinte da catedral de Colônia, 1927] 202
Pat und Patachon am Nordseestrand [Ole e Axel na costa do mar do Norte, 1927] 203
Funkzauber [Magia do rádio, 1927] 204
Neve no estúdio: um banho a menos seis graus 205
Ole e Axel no Beba Palace 206
Der Geliebte seiner Frau [O amante da sua esposa, 1928] 207
Dos estúdios 207
Ouro e maldição (1924) 208
Loura e sapeca (1928) 209
O vale dos gigantes (1927) 209
Sangrenta noite nupcial (1928) 210
In the Name of the Law [Em nome da lei, 1922] 211
Sons sendo gravados no estúdio 212

A ópera dos três vinténs, pela quinquagésima vez 214
Frühling in Palästina / Aviv be'Erez Israel [*Primavera na Palestina,* 1928] 214
O primeiro filme de animação falado 215
Was eine Frau im Frühling träumt [*Com o que uma mulher sonha na primavera,* 1929] 216
"Palco dos jovens"? 217
Um passeio pelos estúdios - estão gravando filmes mudos 218
Das verschwundene Testament [*O testamento desaparecido,* 1929] 221
Asas de rapina (1929) 222
Männer ohne Beruf [*Homens sem trabalho,* 1929] 223
Laubenkolonie (também conhecido como *Die lustigen Musikanten*) [*Os músicos felizes,* 1930] 223
Susanne macht Ordnung [*Susanne organiza,* 1930] 224

PREFÁCIO À EDIÇÃO AMERICANA

UM REPÓRTER ITINERANTE, UM CONTO DE DUAS CIDADES E A FORMAÇÃO DE BILLY WILDER

Muito antes de o premiado diretor e roteirista hollywoodiano Billy Wilder escrever seu primeiro nome com um *y*, aderindo fielmente ao costume de sua pátria adotiva, ele era conhecido — e amplamente publicado — em Berlim e Viena como Billie Wilder. Ao nascer, no dia 22 de junho de 1906, em uma pequena cidade da Galícia chamada Sucha, pouco mais de trinta quilômetros a noroeste de Cracóvia, ele recebeu o nome de Samuel, em homenagem ao avô materno. Sua mãe, Eugenia, no entanto, preferia o nome Billie. Ela já chamava o primeiro filho, Wilhelm, dois anos mais velho que Billie, de Willie. Quando jovem, Eugenia tinha atravessado o Atlântico e vivido em Nova York por vários anos com um tio joalheiro no apartamento dele na avenida Madison. Em algum momento de sua estadia de formação, ela assistiu a um show da turnê *Wild West*, de Buffalo Bill, e sua afeição pelo nome exótico se cristalizou, mesmo sem o *y*, assim como seu amor intenso e contagioso por tudo que era americano. "Billie era o garoto americano dela", insiste Ed Sikov em *On Sunset Boulevard* [*Em

Sunset Boulevard], a biografia definitiva do roteirista e diretor de renome internacional.

Wilder passou os primeiros anos de vida em Cracóvia, onde o pai, o galício Max (nascido Hersch Mendel), havia começado no ramo dos restaurantes como garçom. Depois do nascimento de Billie, ele se tornou gerente de uma pequena franquia de cafés em estações de trem, na linha que ligava Viena a Lemberga. Quando essa empreitada perdeu força, Max abriu um hotel e restaurante conhecido como Hotel City, no centro de Cracóvia, perto do Wavel Castle. Uma criança hiperativa, conhecida por espernear e pelos ataques de velocidade e energia, Billie era sinônimo de encrenca: ainda cedo, desenvolveu o hábito de surrupiar as gorjetas deixadas nas mesas do restaurante do hotel e de cutucar hóspedes desavisados com o taco de sinuca. Afinal, ele era o legítimo portador de um sobrenome[1] que invoca tanto em alemão quanto em inglês uma gama maliciosa de expressões idiomáticas sugerindo uma fera cruel, um homem selvagem, até mesmo um lunático. Sua segunda esposa, Audrey, disse uma vez: "Muito antes de Billy Wilder ser Billy Wilder, ele já se comportava como Billy Wilder".

A família Wilder logo se mudou para Viena, onde judeus assimilados como eles tinham mais chances de realizar seus sonhos de ascensão social. Eles moravam em um apartamento no Primeiro Distrito da cidade, o centro cultural e comercial, do outro lado do Danúbio vindo do Leopoldstadt, um bairro conhecido pela grande concentração de judeus recém-chegados da Galícia e de outras regiões do Império Austro-Húngaro. Quando

---

1. "Wilder", em inglês, significa "o mais selvagem". (N. T.)

a monarquia colapsou, depois da Primeira Guerra Mundial, os Wilder foram considerados cidadãos poloneses e, apesar de repetidos esforços, não conseguiram garantir a cidadania austríaca. Billie frequentou o ensino médio no Oitavo Distrito da cidade, o Josefstadt, mas seu foco estava quase sempre em outro lugar. Na frente da escola, do outro lado da rua, ficava um sórdido hotelzinho com pagamento por hora chamado Stadion. Ele gostava de passar horas observando os hóspedes entrando e saindo, tentando imaginar as diferentes transações humanas que aconteciam ali dentro. Também passava muitas horas no escuro, vendo as matinês no Urania, no Rotenturm Kino e em outros cinemas estimados de Viena. Qualquer chance de assistir a um filme, uma partida de boxe, ou de assegurar um lugar em um jogo de cartas era bem-vinda pelo jovem Billie.

Apesar de Wilder *père* ter outros planos para o filho — uma carreira respeitável e estável no direito, um caminho nobre para bons meninos judeus da Viena entreguerras —, Billie foi atraído, quase por hábito, pelo mundo sedutor da cultura urbana e popular e pelas histórias geradas e contadas ali. "Eu só briguei com meu pai sobre me tornar advogado", contou ao diretor Cameron Crowe em *Conversations with Wilder* [*Conversas com Wilder*]: "Eu não queria fazer isso e me salvei virando jornalista, um repórter muito mal pago". Conforme explica na mesma entrevista: "Comecei com as palavras cruzadas, assinadas por mim". (Perto do fim da vida, depois de acumular seis Oscar, Wilder contou a seu biógrafo alemão que seu maior orgulho não eram os prêmios, mas o fato de seu nome ter aparecido duas vezes nas palavras cruzadas do *New York Times*: "Uma vez no 17 horizontal e outra vez no 21 vertical".)

Semanas antes do Natal de 1924, com apenas dezoito anos de idade e recém-saído do colégio com um diploma na mão, Billie escreveu para a redação do *Die Bühne*, um dos dois tabloides locais que faziam parte do império midiático pertencente a um ardiloso imigrante húngaro chamado Imré Békessy, para perguntar o que ele poderia fazer para se tornar jornalista, talvez até correspondente internacional. Inocentemente, Wilder pensou que esse poderia ser seu bilhete para os Estados Unidos. Recebeu uma resposta, não a esperada, explicando que sem domínio total do inglês ele não teria nenhuma chance.

Sem se dar por vencido, Billie visitou a sede do jornal em uma manhã do novo ano e, explorando seu talento enorme para a tagarelice, garantiu um lugar lá dentro. Em entrevistas posteriores, ele gostava de contar que conseguiu esse primeiro emprego no *Die Bühne* ao pegar em flagrante o principal crítico de teatro do jornal, um certo Herr Doktor Liebstöckl, transando com a secretária num sábado à tarde. "Você teve sorte de eu estar fazendo hora extra hoje", ele supostamente disse a Billie. (É difícil não pensar no elenco de personagens que emergem das páginas de seus futuros roteiros — os homens desesperados por sexo de *A incrível Suzana* [1942], sua estreia nos cinemas americanos, ou de *Amor na tarde* [1957] e *Se meu apartamento falasse* [1960] — que carregam uma forte semelhança familiar com Herr Liebstöckl.) Logo ele estava convivendo com jornalistas, poetas, atores, o pessoal do teatro que treinou com Max Reinhardt e com os intelectuais que se reuniam no Café Herrenhof de Viena.

Buchstabenrätsel

9

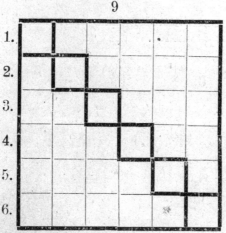

a, a, a, a, a, c, d, d, e, e, e, e, h, j, l, l, l, m, n, n, n, n, n, n, o, o, o, r, r, r, r, s, s, u, w, w.

1. Wiener Kabarettkünstlerin.
2. Berühmter Sänger. †
3. Ungarischer Schriftsteller.
4. Berliner Schriftsteller.
5. Wiener Komponist. †
6. Wiener Schauspieler.

Aus diesen 36 Buchstaben sind 6 Wörter von obiger Bedeutung zu bilden. Die Diagonalbuchstaben ergeben, von oben nach unten gelesen, den Namen eines hervorragenden verstorbenen Wiener Schauspielers.

Billie Wilder

1. Palavras cruzadas feitas por Billie Wilder, *Die Bühne*, 1925.

2. Foto em grupo do Max Reinhardt Circle no interior, *Die Bühne* (6 ago. 1925). Da esquerda para a direita: Bianca Békessy, dr. Hans Liebstöckl, dr. Eugen Lazar, Sybille Binder, Lina Wolwode, Billie Wilder, Louis Rainer, Annie Körner, o diretor Ludwig Körner, sra. Witzmann, o editor-chefe Emmerich (Imré) Békessy, Gitta Lazar, Theodor Danegger, Camilla Gerzhofer, Max Gülstorff e o arquiteto Karl Witzmann.

Ali ele conheceu os escritores Alfred Polgar e Joseph Roth, um jovem ator de teatro húngaro chamado Laszlo Löwenstein (mais tarde mundialmente conhecido como Peter Lorre) e o crítico e aforista Anton Kuh. "Billie é, de profissão, um guardião de álibis", observou Kuh com uma boa dose de sarcasmo. "Onde quer que algo esteja acontecendo, ele tem um álibi. Já nasceu com um álibi, de acordo com o qual Billie nem estava presente quando isso aconteceu."

BILLIE S. WILDER
Reporter der *STUNDE*

3. Cartão de visita de Billie Wilder na época em que era repórter do *Die Stunde*.

A cena jornalística vienense da época era tudo menos monótona, e Billie foi testemunha, com ou sem álibis, dos debates contemporâneos, do sexo e da violência que ocorriam em seu meio. Carregava um cartão de visitas com seu nome ("Billie S. Wilder") gravado acima do nome do outro tabloide de Békessy, o *Die Stunde*, para o qual contribuía com palavras cruzadas, pequenas matérias, resenhas de filmes e perfis. Na época em que ele corria para escrever suas matérias como freelancer, uma tórrida contenda acontecia entre Békessy e Karl Kraus, o chefão de língua afiada das letras vienenses, editor e fundador do *Die Fackel* [*A Tocha*], que estava determinado a expulsar o "vigarista" húngaro da cidade, banindo-o de uma vez por todas do mundo do jornalismo. Agitando ainda mais esse clima volátil, apenas alguns meses depois de Billie começar a trabalhar no tabloide, um dos escritores mais famosos do *Die Stunde*, o romancista vienense Hugo Bettauer, autor do best-seller *Die*

Stadt ohne Juden [*A cidade sem judeus*], foi morto a tiros por um protonazista.

"Eu era ousado, cheio de confiança, tinha talento para o exagero", Wilder disse a Hellmuth Karasek, seu biógrafo alemão, "e estava convencido de que, em muito pouco tempo, aprenderia a fazer perguntas descaradas sem moderação." Ele estava certo, pois logo ganhou um acesso precioso a muita gente, desde estrelas de cinema internacionais, como Asta Nielsen e Adolphe Menjou, até o príncipe de Gales (Edward VIII) — a quem dedicou duas matérias diferentes — e o herdeiro americano e magnata do jornalismo Cornelius Vanderbilt IV. "Em uma única manhã", disse se gabando, em uma entrevista a Richard Gehman para a *Playboy* em 1963, sobre seus primeiros dias como jornalista em Viena, "entrevistei Sigmund Freud, seu colega Alfred Adler, o roteirista e romancista Arthur Schnitzler e o compositor Richard Strauss. Em *uma* manhã." E mesmo que nenhuma matéria tenha sobrevivido para corroborar tais alegações audaciosas, ele com certeza entrevistou as Tiller Girls, uma trupe de dança britânica internacionalmente conhecida, cuja chegada à estação vienense de Westbahnhof, em abril de 1926, foi com alegria noticiada no *Die Bühne* por um Billie de dezenove anos. Meros dois meses depois, ele teve seu primeiro furo quando Paul Whiteman, líder de uma orquestra de jazz americana, visitou Viena. Há uma bela fotografia de Billie usando chapéu *fedora*, as mãos descansando casualmente nos bolsos do paletó, um sorriso convencido no rosto, parado logo atrás de Whiteman, como se estivesse fazendo de tudo para cair nas graças do músico; depois de publicar uma entrevista e um perfil bem-sucedidos no *Die Stunde*, ele foi convidado para acompanhar a etapa berlinense da turnê.

Em suas conversas com Cameron Crowe, Wilder descreve uma visita a Whiteman em seu hotel em Viena depois da entrevista. "Com meu inglês terrível, disse que estava ansioso para ver a performance dele. E Whiteman me disse: 'Se quer muito me ouvir, ouvir a big band, pode ir comigo para Berlim'. Ele pagou minha viagem, por uma semana ou algo assim. Aceitei. Fiz minha mala e nunca mais voltei para Viena. Escrevi a matéria sobre Whiteman para o jornal de Viena. E aí eu já era jornalista de um jornal de Berlim." Servindo como uma espécie de assessor de imprensa e guia turístico — um papel que voltou a desempenhar quando o cineasta americano Allan Dwan passou a lua de mel em Berlim e, entre outras coisas, apresentou a Billie os prazeres de um dry martini —, Wilder resenhou a estreia alemã de Whiteman no Grosses Schauspielhaus, assistida por milhares de pessoas. "A 'Rhapsody in Blue', composição que gerou um grande rebuliço nos Estados Unidos", escreveu ele, "é um experimento de exploração dos ritmos da música folk americana. Quando Whiteman a toca, vemos uma peça de grande maestria. Sempre há mais de um pedido de bis. Os berlinenses, geralmente reservados, não param de elogiá-lo. As pessoas continuam no teatro meia hora após o concerto acabar."

4. Billie Wilder, o segundo da direita para a esquerda, com Paul Whiteman e banda, 1926.

Frequentemente chamada de "Chicago on the Spree" ["Chicago no rio Spree"], apelido dado por Mark Twain, a Berlim do meio dos anos 1920 tinha um certo sopro de Novo Mundo. Uma onda culminante de *Amerikanismus* — um amor aparentemente sem fim pelos passos de dança do *charleston*, por bares de coquetéis e carros de corrida, e uma vida noturna conhecida no mundo todo que brilhava no meio de um mar de anúncios em neon — havia varrido a cidade e invadido o ar urbano. Era o cenário de treino perfeito antes que Billie se mudasse de vez para os Estados Unidos, e um local que oferecia uma liberdade que ele não havia sentido em Viena. Como o pesquisador de cinema Gerd Gemünden declarou em seu estudo revelador sobre a carreira americana de Wilder: "A metrópole berlinense, influenciada pelos Estados Unidos, deu a Wilder a chance de se reinventar".

Durante essa época em Berlim, Wilder teve vários mentores que ajudaram a guiar sua carreira. O primeiro deles foi Egon

Erwin Kisch, escritor e crítico nascido em Praga e um dos principais jornalistas da Europa continental, conhecido por ser o centro das atenções na sua mesa — o "Tisch von Kisch", como era chamado — no Café Romanisches da Kurfürstendamm, um dos refúgios preferidos dos escritores, artistas e *entertainers* da República de Weimar. (Wilder teria a ideia para o filme *Menschen am Sonntag* [*Gente no domingo*, 1930] — em guardanapos de café, diz-se — no Romanisches alguns anos depois.) Kisch não apenas leu os rascunhos dos primeiros trabalhos de Wilder como freelancer, oferecendo revisões e incentivos amigáveis, como também o ajudou a encontrar um apartamento mobiliado logo abaixo do dele no bairro de Wilmersdorf. Um jornalista viajado e veterano, Kisch já havia construído sua fama como *Der rasende Reporter* [O Repórter Acelerado], título dado à coleção de reportagens que publicou em Berlim em 1925, servindo de inspiração e exemplo para Billie (uma caricatura de Wilder desse período resume o espírito).

"Suas reportagens eram construídas como bons roteiros", Wilder relatou posteriormente sobre Kisch. "Elas eram classicamente organizadas em três atos e nunca entediavam o leitor." Em uma matéria sobre o mercado de livros alemão, publicada na revista literária *Der Querschnitt*, em 1930, ele faz uma menção especial ao *Paradies Amerika* [*Paraíso América*, 1929] de Kisch, talvez um aceno deliberado à incipiente americanofilia que já florescia dentro dele.

> Eine Minute später
> steh' ich auf dem Gang;
> rekapituliere alle Daten.
> Dann zieh' ich den Bleistift aus meiner Brusttasche und werfe ihn die zwei Stockwerke hinab, in den Keller.
> *Billie.*

5. Caricatura de Billie como um "repórter acelerado", *Die Bühne* (18 fev. 1926).

Entre as várias reportagens publicadas por Billie durante sua temporada prolongada como repórter freelancer, uma das mais conhecidas é a série em quatro partes para o *Berliner Zeitung am Mittag* (BZ), mais tarde republicada no *Die Bühne*, sobre sua experiência como dançarino de aluguel no elegante Eden Hotel.

A matéria continha uma epígrafe feita por outro dos seus mentores de Berlim, o escritor Alfred Henschke, que publicava sob o pseudônimo Klabund e era casado com a proeminente atriz de teatro e cabaré Carola Neher. Nela, Klabund aconselha jovens escritores, apontando para a tendência estética contemporânea do *Neue Sachlichkeit* [Nova Objetividade], a escreverem sobre os eventos como eles realmente aconteceram: "A única coisa que ainda nos interessa na literatura hoje são os materiais crus que a compõem: a vida, a fatualidade, a realidade". Como estamos falando de Wilder, é claro que a verdade é misturada com uma boa dose de humor peculiar, seco como um dry martini, e um inevitável toque de licença poética ao descrever os detalhes de seu ofício: as senhoritas ricas e desocupadas que buscavam seus serviços, os maridos ciumentos e seus olhares furiosos e as horas exaustivas de trabalho na pista de dança. "Eu não era o melhor dançarino", comentou tempos depois sobre o período, "mas eu tinha a melhor conversa."

No início dessa mesma matéria, ele inclui uma resenha de sua performance atribuída ao gerente do hotel que, de várias maneiras, funciona como um bom resumo de toda sua carreira: "Em sua qualidade de dançarino, Herr Wilder sabia muito bem como se adaptar aos públicos mais agitados. Ele atingiu o sucesso no seu cargo e sempre seguiu os interesses do estabelecimento". Billie continuou utilizando as habilidades adquiridas na pista de dança na página e na tela, sempre agradando o público e pavimentando seu caminho para o sucesso. "Digo a mim mesmo: sou um tolo", escreveu ele em um momento de grande autoconsciência. "Noites sem dormir, apreensão, dúvidas? A porta giratória me jogou no desespero, com certeza. Lá fora é inverno, amigos do Café Romanisches, todos gripados, estão debatendo simpatia e pobreza e, assim como eu ontem, não sabem onde vão passar a noite. Eu, no entanto, sou um dançarino. O grande e vasto mundo vai me abraçar."

O par perfeito para Billie apareceu quando, em 1928, a editora Ullstein, que publicava o *Berliner Zeitung am Mittag*, apresentou um novo *Boulevard-Zeitung*, um jornal ilustrado voltado a jovens leitores cujo título falava diretamente com eles e com Wilder: *Tempo*. "Era um tabloide", declarou o historiador Peter Gay em seu primeiro estudo sobre o "espírito judaico-alemão" da cidade, "com um tom atrevido, um apelo visual, feito para agradar o berlinense que corria enquanto lia."

Os berlinenses, no entanto, logo adotaram outro nome para ele: o chamavam de *jüdische Hast*, "a pressa judaica". Billie, um apressado inveterado e homem errante, combinava perfeitamente com o *Tempo* e vice-versa (foi nas páginas desse jornal que Billie apresentou aos berlinenses a breve produtora independente Filmstudio 1929 e os jovens cineastas, incluindo o próprio Wilder, que estavam por trás da sua criação).

Em 1928, depois de servir de ghostwriter em vários roteiros, Billie foi o único que teve o nome creditado em um filme que tinha um pouco mais do que uma leve pegada autobiográfica. O filme se chamava *Der Teufelsreporter* [*Um repórter dos diabos*], mas também levava o subtítulo *Im Nebel der Großstadt* [*Na neblina da metrópole*], e foi dirigido por Ernst Laemmle, sobrinho de Carl Laemmle, chefe da Universal. Ambientado na Berlim contemporânea, o filme conta a história do personagem-título, um jornalista frenético interpretado pelo ator americano Eddie Polo, ex-estrela de circo que trabalha em um tabloide da cidade — chamado *Rapid*, em uma clara homenagem — e cujos principais atributos são logo identificáveis no próprio Wilder. Parece previsível a breve aparição do jovem Billie no filme, vestido da mesma maneira que os outros repórteres do local. "Ele faz essa ponta", escrevem os pesquisadores de cinema alemão Rolf Aurich e Wolfgang Jacobsen, "como se quisesse provar quem é o verdadeiro *Teufelsreporter*". Além de afirmar uma conexão mais profunda com a cidade e com o jornalismo de tabloides no estilo americano, *Der Teufelsreporter* serve de base para os outros jornalistas durões do repertório hollywoodiano de Wilder, de Chuck Tatum (Kirk Douglas) em *A montanha dos sete abutres* (1951) a Walter Burns (Walter Matthau) em *A primeira página* (1974).

Existem muitas outras afinidades entre o que Wilder escreveu na época da República de Weimar e seu trabalho cinematográfico posterior. Por exemplo, em "Rendez-vous em Berlim", um artigo publicado no *Berliner Börsen Courier* no início de 1927, ele escreve sobre os principais pontos de encontro da cidade, incluindo o relógio gigante chamado *Normaluhr* na estação de trem do zoológico de Berlim. Dois anos depois, ao escrever o roteiro de *Menschen am Sonntag* (*Gente no domingo*, 1930), ele localizou o principal rendez-vous de dois dos protagonistas amadores, Wolfgang von Waltershausen e Christl Ehlers, exatamente no mesmo local. Nesse mesmo roteiro, ao elaborar o personagem de Wolfgang, um playboy e vendedor itinerante de vinhos, Wilder buscou uma maneira de realizar as fantasias que tinha quando trabalhava como dançarino de aluguel. De forma similar, na matéria sobre a chegada das Tiller Girls em Viena, há mais que um mero germe da Sweet Sue and Her Society Syncopators, a banda formada apenas por mulheres em *Quanto mais quente melhor* (1959); há até uma Miss Harley ("a pastora das ovelhinhas"), antecipando a própria personagem Sweet Sue. Em uma breve matéria cômica sobre elencos, Billie homenageia o diretor Ernst Lubitsch, seu futuro mentor em Hollywood (muitos anos depois, o escritório de Wilder em Beverly Hills teria uma placa feita por Saul Bass com os dizeres "Como Lubitsch faria isso?"). Por fim, no perfil de Erich von Stroheim, escrito em 1929 para o *Der Querschnitt*, entre as várias coisas que o jovem Billie destaca, está a interpretação de Gloria Swanson em *Minha rainha* (1929), um dos últimos filmes mudos de Stroheim. Foi a primeira centelha da brilhante ideia de escolher Swanson e Stroheim para interpretar um par de emissários mal-humorados e vagamente doentios do mundo perdido do cinema mudo em *Crepúsculo dos deuses* (1950).

6. Cartaz do filme *Der Teufelsreporter* [*Um Repórter dos diabos*, 1928].

7. Billie Wilder, o segundo da esquerda para a direita, faz uma ponta no filme *Der Teufelsreporter*.

8. Berlim conforme aparece em *Menschen am Sonntag* [*Gente no domingo*, 1930].

*

Quando embarcou em um transatlântico britânico, o ss *Aquitania*, com destino aos Estados Unidos em janeiro de 1934, Wilder já havia assegurado mais alguns créditos como roteirista e um pouco mais de experiência no show business, mas quase nada da língua inglesa (ele parece ter colocado na mala cópias de segunda mão de *Adeus às armas*, de Ernest Hemingway, *Babbitt*, de Sinclair Lewis, e *Look Homeward, Angel*, de Thomas Wolfe). De roteirista assalariado na UFA em Berlim, passou a ser refugiado desempregado em Paris e realojado nos Estados Unidos com vinte dólares e cem palavras em inglês. "Ele cruzou o Atlântico correndo", declara Sikov. E logo entraria correndo na MGM, na Paramount e em outros grandes estúdios cinematográficos, juntando-se a um grupo ilustre de refugiados da Europa Central que mudariam para sempre a cara de Hollywood.

9. Wolfgang von Waltershausen com Christl Ehlers e Brigitte Borchert em *Menschen am Sonntag*.

10. Wilder, no centro, com Peter Lorre e outros refugiados da Europa Central em Hollywood.

O trabalho aclamado de Wilder em Hollywood, como roteirista e diretor, é, de várias maneiras, fruto da sua temporada como repórter na Viena entreguerras e na Berlim de Weimar. Seu cinema era o de um contador de histórias, com muitos diálogos ágeis e espertos e poucas acrobacias visuais. "Para o Wilder ex-repórter, as palavras têm uma qualidade especial, quase material", comenta o crítico alemão Claudius Seidl. "São as palavras que dão a seus filmes dinamismo, elegância e uma forma característica, já que palavras voam mais rápido, deslizam com mais leveza, rodopiam mais que qualquer câmera." É fácil notar a profunda ligação de Wilder com a principal ferramenta de seu trabalho como escritor em toda sua carreira no cinema. Ele até nos forneceu uma coda perfeita, proferida por ninguém menos que a quase esquecida estrela do cinema mudo Norma Desmond (Gloria Swanson) em *Crepúsculo dos deuses*, quando ela descobre que Joe Gillis (William Holden) é um escritor: "Palavras, palavras, mais palavras!".

NOTA SOBRE O TEXTO

Para dar ao leitor a seleção mais representativa dos textos de Billy Wilder no período, utilizamos duas antologias diferentes em alemão: *Der Prinz von Wales geht auf Urlaub: Berliner Reportagen, Feuilleton und Kritiken der zwanziger Jahre* [*O príncipe de Gales sai de férias: relatórios, reportagens e análises de Berlim dos anos 1920*] (Berlim: Fannei und Waltz, 1996), uma coleção do jornalismo feito por Wilder em Berlim na segunda metade dos anos 1920, editada por Klaus Siebenhaar; e *"Billie": Billy Wilders Wiener journalistiche Arbeiten* [*"Billie": o trabalho jornalístico vienense de Billy Wilder*] (Viena: Filmarchiv Austria, 2006), um volume complementar das publicações vienenses de Wilder nos meados dos anos 1920, coeditada por Rolf Aurich, Wolfgang Jacobsen e Günter Krenn.

Organizamos as matérias em três seções, definidas por categorias formais e temáticas. Em alguns casos, optamos por não incluir matérias que pareciam muito esotéricas, anacrônicas ou simplesmente inacessíveis ao público anglo-americano. Acreditamos que a seleção escolhida reflete com precisão a voz singular de Wilder, suas nascentes habilidades como escritor, sua esperteza, inteligência e versatilidade.

Por fim, queremos agradecer à Billy and Audrey L. Wilder Foundation por nos apoiar nesta empreitada de trazer os primeiros textos de Wilder ao público anglófono.

NOAH ISENBERG

I. EXTRA! EXTRA!

MATÉRIAS, ARTIGOS DE OPINIÃO E REPORTAGENS ESPECIAIS SOBRE A VIDA COMO ELA É

Entre setembro de 1925 e novembro de 1930, Wilder publicou dezenas de matérias como freelancer. Ele começou nas páginas do *Die Bühne* e do *Die Stunde* de Viena (seu primeiro trabalho como repórter, ainda adolescente), com os quais continuou contribuindo intermitentemente depois de se mudar para Berlim no verão de 1926, logo após seu vigésimo aniversário. Lá, tornou-se um colaborador regular do *Berliner Zeitung* (ou BZ, como era mais conhecido) e do *Berliner Börsen Courier*, onde trabalhou como editor noturno de abril a dezembro de 1927. No fim dos anos 1920, quando ainda morava em Berlim, escreveu para a *Tempo*, a efêmera publicação ilustrada da editora Ullstein voltada ao público jovem, e para a *Der Querschnitt*, a revista literária mais sofisticada da mesma editora (algo como uma prima distante da *New Yorker*).

Um dos principais gêneros trilhados pelo jovem Billie foi o *feuilleton*, ou ensaio cultural, uma mistura potente de reportagem e reflexões descritivas que havia ganhado considerável popularidade nos jornais — tanto em formato standard quanto nos tabloides — da Europa Ocidental e Central no fim do século XIX e início do século XX. Os *feuilletons* de

Wilder costumavam ter a forma de um ensaio pessoal desenvolto, mordaz, personalizado; às vezes, pareciam mais os textos argumentativos que encontramos nas páginas de opinião atuais.

11. Página-título do artigo em quatro partes "Herr Ober, bitte einen Tänzer!", no qual Wilder descreve seus dias como dançarino de aluguel em um hotel, em sua reimpressão no *Die Bühne* (2 jun. 1927).

A seleção a seguir inclui matérias de viagem (sobre a história urbana e o folclore de cidades como Veneza, Gênova e Monte Carlo, e até um despacho imaginário de Nova York); um par de tributos emocionados a cafeterias; um ensaio longo sobre o mercado literário por volta de 1930; e uma matéria dedicada à arte de sobreviver como freelancer empobrecido. Há vários artigos específicos à cena contemporânea de Berlim, entre eles um relato em primeira mão em quatro partes da sua experiência como dançarino de aluguel, que ilumina os cantos mais escuros da capital alemã do fim dos anos 1920 e também apresenta facetas-chave do próprio Wilder. Em "Quando faz vinte e nove graus", suas reflexões perspicazes sobre uma repentina onda de calor, ele descreve berlinenses dançando o *black bottom* — uma moda do jazz americano que havia cruzado o Atlântico para inspirar legiões de fanáticos por dança durante os anos da República de Weimar —, apesar das temperaturas insalubres. O amor de Billie pela velocidade, por objetos novos e brilhantes, encontra expressão em "Voo noturno sobre Berlim", sua reportagem sobre o início da aviação comercial na Europa, enquanto "Rendez-vous em Berlim" não apenas planta as sementes para o roteiro de *Menschen am Sonntag* [*Gente no domingo*, 1930] — que ele descreve com detalhes carinhosos e com o carisma de um esperto assessor de imprensa em "Aqui estamos no Film Studio 1929", indicando uma certa "reportagem" como sua base —, mas também captura o romance da cidade em um momento de muita animação e de igual fragilidade.

"Garçom, um dançarino, por favor!"
DA VIDA DE UM DANÇARINO DE ALUGUEL

I. Estou procurando um emprego

Primeiro, uma carta, com direito a um lema:

> Querido BW,
> Escreva suas memórias de dançarino de aluguel. A única coisa que ainda nos interessa hoje sobre a literatura são os materiais crus que a compõem: a vida, a fatualidade, a realidade. O lema do "vitalismo" é: todas as coisas vivas são apenas uma metáfora.
> Cordialmente,
> Klabund

Então não tenha vergonha do que você fez. Nem ao menos ofereça a desculpa: "trabalho é trabalho" ou "todo trabalho é digno". Não faça rodeios.

Recebi minha demissão do emprego de dançarino de aluguel conforme solicitado, e o registro disso está na minha carteira:

> Registro!
>
> Herr Billie Wilder esteve empregado em nosso estabelecimento como Dançarino Social de 15 de outubro de 1926 até hoje.

Em sua qualidade de dançarino, Herr Wilder sabia muito bem como se adaptar aos públicos mais animados. Ele atingiu o sucesso em seu cargo e sempre seguiu os interesses do estabelecimento.

Herr Wilder está se despedindo do nosso estabelecimento por vontade própria.
a gerência do... hotel.
Berlin W.

Então tenho em preto e branco que fui dançarino, um dançarino social, em uma expressão: um dançarino de aluguel, por dois meses, e que "sabia muito bem como se adaptar aos públicos mais animados".
Foi isso que aconteceu, e aqui está como aconteceu: eu não estava bem...
Minhas calças não estão passadas, meu rosto está mal barbeado, meu colarinho está oleoso, os punhos das minhas camisas, dobrados. Tenho um gosto amargo na boca, minhas pernas estão pesadas como chumbo, meu estômago está tão vazio que machuca e meus nervos estão à flor da pele. Por trás de qualquer batida na porta, a cara venenosa da senhoria, gritando, com a conta nas mãos. Para mim as ruas são feitas de mercados gourmet, restaurantes e padarias, e corto meus cigarros ao meio para eles durarem mais.
Eu não estava bem.
Hoje vou dormir na sala de espera da estação de trem.
Uma triste epifania financeira na frente da loja de cigarros: *Onze pfennigs, outros cinco no meu colete, isso dá dezesseis.*

"Quatro por quatro!"
Assim fica mais fácil continuar. Mas para onde?

*

Potsdamer Platz. Alguém grita em meio ao clamor do tráfego, balançando a bengala, colidindo com um carrinho de bebê. "Olá! Que coincidência encontrar você aqui! O quê, não lembra de mim? Não? Do Tabarin em Viena? Sim, é claro — Roberts." Afundo na calçada de vergonha. "Vamos tomar um conhaque; eu pago. Está com fome? Excelente. Caaaarrro — disponível? Para o Kempinski!" E no restaurante: "Me traga dois pratos de peixe com maionese, dois filés estilo inglês, malpassados, por favor, duas saladas, uma garrafa de Liebfraumilch de 1917. Mas, primeiro, duas doses grandes de Hennessy".

*

Este é o Roberts, o dançarino: o cabelo dele é preto como tinta e brilhante como asfalto depois da chuva, seus olhos evidenciam que ele esteve no Sul, o nariz e os lábios como os do falecido Valentino.

Ele come um prato quente e fuma cigarros importados, as moedas tilintam no seu bolso, ele paga o aluguel em dia e não deve um único pfennig para a lavadeira; sim, a palavra "inibições" nunca passou pela cabeça dele. Talvez seja assim que os bilionários vivem. É claro, ele é dançarino. Yvette e Roberts. Ele já dançou em Londres e em Paris, em Varsóvia, em Viena, em Nice, em Karlsbad, em Bruxelas e em Roma, em San Sebastian, em todo lugar.

Enquanto comemos, ele me conta que foi contratado pelo inverno todo em Berlim. Um hotel gigante perto da igreja

Memorial. Todas as noites, Yvette e Roberts em suas danças. As pessoas são tão gentis com ele, acrescenta.

"E você? O que anda fazendo?"

Abaixo a cabeça para ele não ver meu colarinho. *Bem — isso e aquilo.* Digo que não estou fazendo nada no momento, desempregado já faz três semanas, mas que logo algo vai aparecer. Eu até tenho uma ideia, digo, eu sempre tenho ideias.

"Posso ajudar você?"

Roberts coloca a mão no meu braço. Aperto a gravata e desvio o olhar, lendo o rótulo da garrafa de vinho.

"Você é alto o bastante."

Eu sou o quê...?

"Você tem ternos, um smoking?"

Bem, sim, bem, é claro, só que estão penhorados no momento.

"Você tem alguma noção de como fazer uma reverência na alta sociedade, de como beijar a mão de uma mulher."

Fico chocado.

"Você sabe dançar, eu sei. Agora, pergunto: não quer capitalizar em cima disso?"

Meu rosto não expressa nada.

"Você quer ganhar dinheiro?"

Agora estou de queixo caído.

"Dinheiro, muito dinheiro!"

Nenhuma palavra.

"Você será... um dançarino de aluguel conosco. Apareça lá amanhã."

Então ele pede a conta, tira uma nota de cem marcos da carteira, revelando assim outra dúzia de notas, e a entrega ao garçom.

— Sim, eu vou aparecer lá amanhã.

II. O primeiro dia no hotel

Pela manhã, Roberts me enviou duzentos marcos — "para vesti-lo, por enquanto, de maneira condizente com sua posição". Entreguei setenta e cinco marcos à senhoria, *à conto*, fui à loja de penhores, peguei minha mala cheia de roupas limpas com a lavadeira do outro lado da rua, passei uma hora no barbeiro, fiquei o mesmo tempo na frente do espelho, dando um nó na gravata, de novo e de novo, escovado e alisado.

Estou sentado em uma poltrona no saguão do hotel, uma poltrona macia, totalmente recostado, pernas cruzadas, no décimo cigarro, cada um custando doze pfennigs. Este, então, é o hotel onde "trabalharei". O garoto das malas na porta giratória, achando que sou um hóspede, tira o chapéu graciosamente. Agora o casaco de cordeiro da Pérsia de uma moça com estreitos sapatos de couro de crocodilo roça contra meus joelhos, enquanto ela caminha na direção do elevador, sorri para o mensageiro, desaparece. Um leve aroma de Coty paira no ar e me deixa agitado. Um valet, cheio de malas, anda aos tropeços até a porta, um cavalheiro com um sobretudo e um pé teso coloca o nome no registro do hotel, enquanto o porteiro, com as costas curvadas, estende a mão para receber um casal idoso e o bartender equilibra dois manhattans e um refrigerante.

Digo a mim mesmo: sou um tolo. Noites sem dormir, apreensão, dúvidas? A porta giratória me jogou no desespero, com certeza. Lá fora é inverno, amigos do Café Romanisches, todos gripados, estão debatendo simpatia e pobreza e, assim como eu ontem, não sabem onde vão passar a noite. Eu, no entanto, sou um dançarino. O grande e vasto mundo vai me abraçar. No salão,

42

mulheres de pernas esguias se sentam em pequenas mesas bebericando café mocha. Estão descansando as xícaras e me olhando de cima a baixo, os lábios rubros franzidos em um sorriso meloso, zangado. Consigo sentir na testa o calor dos olhares de maridos ciumentos e de amigos elegantes. Uma luz vermelha escura se derrama sobre a pista de dança, os espanhóis no estrado extraem um tango argentino dos acordeões e cantam com sotaque estrangeiro. Estou dançando com uma mulher de beleza exótica... Seus braços brancos de pó compacto estão firmes ao redor de meu pescoço, o aroma de Narcisse Noir emana do cabelo dela...

*

"Dormiu bem?"
Roberts.
"Passou o terno? Limpou o colarinho? A gravata está certa? Espere!"
Depois volta acompanhado de um jovem com um rosto pálido, olhos vermelhos e marejados. Parece estar dormindo. O cabelo está ficando ralo, apesar de ele ter no máximo trinta. Cansado.
Roberts: "Este é Herr Isin, o instrutor de dança".
Herr Isin estende uma mão para mim que é suave como manteiga e não tem nenhum osso. Ele tagarela sobre alguma coisa, numa voz monótona e retraída. Russo.
Roberts: "Isin, você vai explicar tudo para o cavalheiro. Eu preciso ir ao salão".
Herr Isin faz que sim com a cabeça, levanta as calças de boca larga e se senta perto de mim.
"Então, onde você já dançou?"

"Em lugar nenhum."

"Entendi. Amador. Certo."

Ele tira um velho bilhete de ônibus do bolso do casaco e um cotoco de lápis, lambendo a ponta.

"Preciso registrar você na polícia. Precisa pagar impostos. E dinheiro do plano de saúde. Qual é seu nome?"

Isso e aquilo.

"Data de nascimento?"

Essa e aquela.

"Jovem, muito jovem." O bilhete e o lápis desaparecem no bolso de Herr Isin.

"Apenas o essencial. Você vai dançar à tarde e à noite. Das 16h30 às 19h e das 21h30 à 1h. De tarde, terno escuro, colarinho rígido. De noite, smoking. Vai comer com seus colegas. Como um hóspede."

Como um hóspede...

"Quanto ao salário: cinco marcos por dia, totalizando 150 por mês. Mas não esqueça, também tem..."

Herr Isin fecha o olho esquerdo.

"Aulas de dança... — ou gorjetas..."

A cara amarelada do instrutor de dança me lança um olhar longo e neutro. "Nossa gente nunca passou fome. Você vai se sair bem."

"Eu vou me sair bem. Meu serviço?"

"Hmm. Na verdade, não tem como explicar. Nossa profissão é uma aplicação prática, nada além de uma aplicação prática."

"Nossa profissão..."

"Já pode começar hoje", Roberts me disse. "Tire o casaco. Eu explico o resto no salão."

*

Na chapelaria.

"Este é nosso novo dançarino."

A mulher atrás da mesa fixa o olhar afiado em mim, afiado como um médico do exército. Então diz, com um forte sotaque tcheco: "Coloque casaco aqui. Mas, se o lugar cheio, coloque na frente, senão muita gente e hóspedes não terem espaço. Entendeu?".

"É claro, senhorita."

No salão. Lotado. Fumaça de cigarro. Perfume e brilhantina. Moças elegantes dos vinte ao cinquenta. Cabeças carecas. Mamães com filhas pré-adolescentes. Jovens com gravatas extravagantes e polainas de cores brilhantes. Famílias inteiras.

A banda de jazz no nível superior está curvada sobre os instrumentos, balançando no ritmo da música. Exceto pelo tocador de banjo, que olha para baixo, entediado e de boca aberta, na direção dos casais, que pulam, gritam, agitam e saltam.

Alto e sufocante.

Os olhos vermelhos de Herr Isin me encaram como se quisessem dizer: vá!

Sim, sim. Eu vou dançar. Lá no canto, a moça do casaco de cordeiro da Pérsia e dos sapatos de couro de crocodilo. Vou chamá-la para dançar.

Mas Herr Isin bate em meu ombro. "Você vai dançar com a mesa 91. Bem aqui."

Mesa 91. Uma senhora mais velha com um vestido verde-garrafa, um pescoço comprido e cabelo cor de gema de ovo; e uma jovenzinha de nariz vermelho empinado que se esforça um pouco demais para parecer superior.

Fico parado na frente delas, um segundo asno de Buridan, suor na minha testa, mostrando todas as minhas cores, desamparado e vacilante. Então, inclino o torso para a frente mecanicamente, na direção da garota do nariz empinado, torço os lábios e digo com calma:

"A senhorita me concede esta dança?"

Ela sorri para mim com uma expressão amarga no rosto, ponderando.

Devo parecer bem ridículo, nessa posição cômica, cada vez mais vermelho, me curvando na frente dela.

A pequena se levanta, coloca o braço rechonchudo em volta dos meus ombros. Dançamos. O sangue martela minhas têmporas, minhas pernas parecem paralisadas por um derrame. Tudo é névoa até que alguém chuta minha canela, me revivendo. Uma dança infinita. Minha camisa gruda no meu corpo. Estou rangendo os dentes. Continuamos girando. Meus braços pesam uma tonelada. Adoraria deixar minha parceira de dança bem aqui, pegar meu casaco na chapelaria e fugir para longe, muito longe, para aqueles que não têm pfennigs e camas...

Mas o rosto de Herr Isin está sorrido, amarelado e distante. Eu danço somente com a mesa 91. A do pescoço comprido pergunta meu nome, comunicando que pretende vir com mais frequência agora que sou dançarino aqui.

III. Os colegas

Em algum momento, Herr Isin se aproxima de mim.

"Já conheceu seus colegas? Não? Venha comigo!"

No salão vermelho, quase na porta, quatro jovens estão sentados em uma mesa, comendo tranquilamente.

"Um novo colega, Herr..." Herr Isin procura minha ficha de funcionário nos bolsos; ele esqueceu meu nome.

"Muito prazer, muito prazer, igualmente, igualmente."

Os quatro: um se chama Willy e é de Viena. Passou dois anos no circo, como artista de "acrobacias icarianas". Mas esse trabalho tem mais a oferecer, ele diz. Seus dentes são ruins e o cabelo tem o brilho de pomada barata. Não seria melhor continuar no circo?

Não entendi muito bem o nome do segundo; terminava com algo tipo -sti. Berlinense. Na verdade, um representante de vendas em uma fábrica de papel. O fato de ele agora dançar por causa de dinheiro é, me disseram, (a) um sinal destes tempos podres, (b) um capricho engraçado dele. De manhã, ele carrega malas com amostras; de tarde, dança. Somente à tarde. À noite, ele precisa fazer a contabilidade.

O que está do meu lado: Kurt, um sujeito agradável, filho de gente de bem, com uma gravata de bom gosto, com listras diagonais, e um estômago fraco. É por isso que não bebe nada além de chá. Óculos com armação de tartaruga. Muito simpático. Ele também só trabalha durante o chá das cinco; também não é bem um dançarino. Está mais para pianista, mas sem emprego estável. E é preciso estar bem-vestido para isso.

Por fim, o quarto: *Professeur de danse* Miguel Ferrer. Espanhol. Não é alto, mas os traços do seu rosto são finamente esculpidos. Não fala uma palavra de alemão, só francês, flamenco, italiano, português, holandês e, é claro, espanhol. Se tem algo para dizer aos outros, coloca os dedos nos olhos, na orelha, no nariz, os cruza na frente dos lábios, gira o cotovelo e aponta em todas as direções. Essa é sua linguagem de sinais, já que os outros três só falam alemão, tirando o vienense, que também não tem um bom domínio dessa língua.

Um garçom me serve café, bolo de maçã com chantili, sorvete. Como um hóspede. Me perguntam se quero mais chantili. Então, Ferrer pergunta: "Parlez-vous français?".

"Mais oui."

"Épatant. Je suis heureux de pouvoir causer avec vous."[2*]

Raspo as últimas migalhas de torta do meu prato. Os outros quatro já estão na pista de dança. Willy está entrelaçado com uma mulher rechonchuda, o espanhol está levantando as pernas languidamente, sem se importar com o ritmo, mas sua parceira não percebe; os olhinhos dela estão fixados no teto, em êxtase. Volto ao trabalho, mesa 91.

Está insuportavelmente quente. Meu colarinho está mole como um pudim e coberto de suor, meus braços doem. As duas bandas lá em cima tocam sem parar. Na pista, que tem um pouco mais de seis metros de comprimento e quatro de largura, estão trinta casais. O representante de vendas de papel observa meus movimentos, e os cantos da boca dele se curvam formando um esgar compadecido: *novato*. Roberts está sentado em uma mesa bem perto da pista de dança e pisca para mim: *coragem*. E Ferrer, que acabou de levar uma cotovelada nas costelas, solta algum tipo de palavrão em espanhol.

Sete horas. O salão já está meio vazio, a mesa 91 se foi. Ferrer e eu estamos parados na chapelaria.

Herr Isin aparece de novo.

---

2. "Esplêndido. Fico feliz de poder conversar com você."

"Bem?"

"O que achou?"

Isin me dá um tapinha no ombro.

"Algum dia você aprende."

Depois: "Esteja aqui às 21h30. O garçom mostrará a você onde comer. *Adieu*".

Mesa 103

Faz um frio terrível no meu apartamento. Ele precisa ser aquecido a partir de amanhã, pelo menos um pouco. Não é nada agradável passar duas horas seminu, realizando de um jeito pedante minha rotina de vestimenta, amarrando minha gravata-borboleta com dedos que ficaram azuis de frio. Das 19h às 21h30, eu tenho um "intervalo". Apenas um intervalo aparente, porque devo passar esse tempo tirando o terno que usei para dançar durante o chá e colocando o smoking; e também trocando camisa, sapatos, meias. Não, amanhã com certeza vou precisar de aquecimento. Pessoas como nós podem se dar a esse luxo, não é, Herr Isin?

Nove e meia, no salão do hotel. Os hóspedes já estão lá. As mesas boas reservadas para os espectadores do teatro. Damas de vestidos de festa prateados com penteados que cheiram a cabelo queimado. Cavalheiros de ternos completos, estudando os preços da carta de vinhos através dos monóculos. Um integrante da banda de tango está tocando um solo de violino, *Butterfly*. A mulher roliça na mesa de canto coloca as mãos nas pálpebras, em um gesto sentimental.

*

Eu sento em um canto. Três garçons ao meu redor. Um desliza o menu completo embaixo do meu nariz, um segundo, a carta de vinhos, o terceiro coloca um vaso de flor na mesa.

"Com licença, o senhor está esperando alguém?"

"Ah, não, sou o novo dançarino."

O bochechudo com uma mancha pálida de goulash na camisa olha de soslaio para o colega com um sorriso.

"Dançarino? Não é aqui. Ainda não."

Para o mensageiro na porta: "Leve o dançarino para a sala de jantar dele".

Chega-se a minha sala de jantar por uma escada de madeira, ela fica em uma varanda proibida para os hóspedes: duas mesas sem nada e algumas cadeiras. A mesa da direita é apenas para o maître, a da esquerda para os outros, ou seja, garçons, mensageiros, ascensoristas, porteiros, recepcionistas, moças do café e por aí vai, e também para os dançarinos.

Ferrer, o espanhol, e Willy, o rapaz de Viena, já estão ali. E mais alguém, o chofer do nosso chefe, o "coproprietário do hotel".

O menu fixo dos funcionários: consomê, filé de carne entremeado com minivegetais e molho madeira, *parfait*, uma garrafa de cerveja, incontáveis rolinhos.

Bem, isso é maravilhoso. Willy sempre dá ao rapazinho que nos serve três centavos e come duas porções de sorvete. "É uma necessidade, o *charleston* deixa você magro demais, palavra de honra."

Herr Isin aparece só para inspecionar, porque os gerentes comem lá embaixo, no salão principal. Um smoking esplêndido, com abotoamento duplo, lapelas largas, uma camisa branco-leite, botões dourados. Barbeado, penteado, perfumado.

"Aproveitaram a refeição? Ao trabalho, cavalheiros." Lá embaixo, tudo já está a pleno vapor. Gente de bem. Champanhe.

"Vá ali, à mesa 103. Está vendo, uma senhora, um senhor e duas jovens. Tente atacar."

"Atacar" significa — Billie me contou — se engajar com as damas, tirá-las para dançar. Assoo o nariz e vou até lá quando o primeiro foxtrote começa. Com a permissão do cavalheiro... Ah, o papai da mesa 103 não tem absolutamente nada contra eu dançar com suas filhas. Alterno entre elas. As duas ainda têm braços finos e bocas tímidas. A mais velha, talvez dezessete e meio, se aninha contra mim gentilmente. Ela conta que gostava muito de dançar em Neuchâtel, na Suíça, onde estudou em um colégio interno. E pergunta se eu gostaria de voltar para o tango. Sim. Mas, durante o tango, ela não diz mais nenhuma palavra. Sem dúvida a mamãe proibiu terminantemente as conversas com o dançarino de aluguel.

Onze e meia. Yvette e Roberts dançam — *boston, charleston, paso doble*. Durante a atração principal, Herr Isin fica ao meu lado.

"À noite, você dança apenas com as mesas que eu mandar. Ou com as moças que pedirem por você. Tome muito cuidado."

Willy me conta que ele tem uma velha cliente, Frau Doktor. Ferrer sonha acordado sem se mexer no canto do bar até que Herr Isin o direciona a três senhoras que expressaram vontade de dançar um pouco.

É muito mais desconfortável que à tarde. A camisa rígida é uma tortura. Mas as filhas da mesa 103 desconhecem o significado de fadiga.

Depois da meia-noite, a família da mesa 103 se prepara para ir embora. O papai paga, a mamãe coloca a estola sobre os ombros nus e as filhas empoam as bochechas, vermelhas de tanto dançar. A família da mesa 103 se move na direção da saída. Por coincidência, estou parado bem ali. As jovens acenam com a cabeça, a mamãe olha para longe, mas o papai vem bem em minha direção, estende a mão para mim: "Adeus". Sinto algo em minha mão, papel. Eles já estão na chapelaria. Coloco a mão no bolso da calça e corro, vermelho como caranguejo recém-fervido, direto para o banheiro masculino, me tranco e tiro aquela coisa de dentro do bolso com dois dedos.

Uma nota de cinco marcos.

*

À uma da manhã, posso ir para casa.

Morto de cansaço. Quero pendurar meu smoking no armário, mas meus olhos se fecham. Durante esta noite, eu sonho:

Um homem entra em meu quarto, bem perto da minha cama. Ele é esguio e alto e cinza, seu sobretudo surrado chega até o chão. Na mão direita, segura vários documentos; na esquerda, uma cartola alta. Seus olhos pequenos e sem cor, como os de um rato, me encaram. Agora o homem coloca a cartola na mesa de cabeceira e tira uma folha de papel amarelado do maço de documentos. Seus lábios finos e azuis se abrem e proferem, devagar e com leveza, estas palavras: "Eu vou te penhorar!".

"Eu?", grito. Mas o Alto continua: "Você deve para sua senhoria o aluguel destes meses: maio, junho, julho, agosto, setembro, outubro". Salto da cama: "Não, que mentira. Pagos, todos pagos. Os recibos estão na gaveta". O Alto não se mexe, os olhos de rato continuam inertes, só os lábios azuis se abrem. "Você é dançarino. Vou penhorar seus joelhos." Levanto os punhos para ele e berro: "Não!". De repente, sinto o sangue congelar nas veias, estou tomado de pavor e minha garganta se fecha: o Alto não escuta, porque ele não tem orelhas, apenas uma pele rosada, sem orelhas.

Na minha frente, o calar da noite; fico tonto e desmaio na cama. Mas o homem vem até mim, leva uma mão gelada e vermelha às minhas pernas, arranca meus joelhos e gentilmente os coloca dentro da cartola. Depois ele tira a cartola da mesa de cabeceira, coloca os documentos embaixo do braço e anda até a porta. Quero segui-lo, mas caio.

"Meu trabalho, meu trabalhoooo!", balbucio. O Alto fica parado na porta, vira a cabeça e sorri. Repugnante. Eu me vejo de novo, no salão. O Alto está sentado em todas as mesas. Eu danço com ele, num ritmo alucinado, os olhos vermelhos de Herr Isin brincando de ciranda ao nosso redor, minhas pernas se dobram em centenas de lugares, Roberts me dá um tapa, alguém está jogando notas de cinco marcos para o alto, uma mulher chora e eu afundo, caio lá embaixo...

IV. Negócio diário

Tenho um dia bom. Durmo até o meio da tarde, até por volta de três. Logo que fui contratado, comprei um despertador; ele funciona perfeitamente. Minha rotina de vestimenta agora leva uma hora, e é tão grotescamente complexa que começo a me sentir envergonhado na frente da senhoria. Toda uma série de novas aquisições está na sala, implementos estéticos e poções de beleza do tipo que você só espera ver em toucadores femininos: frascos de perfume, sabonetes franceses, cremes para o rosto, água-de-colônia branca, água-de-colônia violeta, loções para a pele de todas as cores, pó de arroz de todos os tons, água de lavanda, pomadas, pincéis de sobrancelha, esmalte, gel para o cabelo, isto e aquilo.

Uma massagem faz parte da minha rotina de banho. Minhas pernas flutuam na água ensaboada e percebo que esse novo trabalho é bom para os músculos delas. Minhas pernas obedientes, meu ganha-pão.

Depois, quatro minutos fazendo a barba, quatro minutos arrumando o cabelo, dez minutos deixando as roupas prontas, dez minutos de gravata, oito minutos de terno, cinco minutos dando uma olhada final no espelho.

Às quatro e quinze tenho que sair de casa, porque o pessoal do hotel não tolera atrasos. Quatro e meia é a hora em que devo aparecer.

Basicamente, já me sinto em casa. Na verdade, falo muito pouco com meus colegas, quase nem estou lá, como alguém em um escritório. Apenas: *Bom dia, adieu, ganhou algo? Quem era aquela moça estilosa, sabe, aquela com dois cavalheiros no carro? Você tem um cigarro sobrando? Que tempo horrível hoje* — e por aí vai.

*

O primeiro estágio do meu treinamento acabou. Herr Isin não aponta mais com quais senhoras devo dançar; eu mesmo as escolho. "Lembre-se de que não está aqui para o seu prazer. Está aqui para dançar. Até mesmo com moças que você não acha atraentes. Na verdade, quanto menos as achar atraentes, mais honesta e conscientemente está fazendo seu trabalho. O Primeiro Mandamento do dançarino é: não pode sobrar ninguém sentado. Ele precisa fazer todo mundo levantar, pois é para isso que está sendo pago. Lembre-se disso."

Ganho meu dinheiro honestamente, honestamente e com dificuldade, porque danço de forma honesta e consciente. Nenhuma vontade, nenhum desejo, nenhum pensamento, nenhuma opinião, nenhum coração, nenhum cérebro. Só minhas pernas importam, e elas pertencem a essa maratona e precisam pisar no ritmo, sem descanso, sem fim, um-dois, um-dois, um-dois.

Danço com jovens e velhas; com as baixinhas e com as que são duas cabeças mais altas que eu; com as lindas e com as menos atraentes; com as magérrimas e com as que bebem chás para emagrecer; com moças que mandam o garçom me chamar e saboreiam o tango com olhos fechados em êxtase; com esposas, com vítimas da moda exibindo monóculos de aro preto cujos acompanhantes, totalmente incapazes de dançar, me contratam; com turistas dolorosamente inaptas que acham que uma excursão para Berlim seria inútil sem o chá das cinco; com estrangeiras esplêndidas que dividem suas estadias em Berlim entre quartos de hotel, saguões e salões; com moças que estão lá todos os dias e ninguém sabe de onde são e para onde vão; com milhares de tipos.

*

Esse não é um jeito fácil de ganhar o pão de todos os dias, e também não é o tipo de coisa que sentimentais e molengas conseguiriam aguentar. Mas outros conseguem sobreviver assim. Meu rendimento não foi nada mau nessa primeira semana, mas começar é quase sempre difícil; espero que continue assim.

Não vou passar fome. Meu ganho médio diário é de vinte marcos, mais meu salário. Depois com certeza vai melhorar, só a prática vai me fazer chegar lá. Willy e o espanhol ganham o dobro, mas eles têm experiência, são melhores psicólogos, sabem o que estão fazendo.

*

A maratona no hotel continua acontecendo, e com ela toda a algazarra da qual agora faço parte, de corpo e alma, como os outros: o espanhol, Willy, o representante de vendas de papel e Kurt.

No meu caderno, as reservas para aulas de dança estão aumentando. Ontem trabalhei das dez às doze — uma família em Grunewald — e das duas às quatro — duas moças que moram no hotel. Só essas horas de instrução me garantem quarenta marcos. Mas a parte ruim é que já não consigo mais ter uma boa noite de sono.

Nesses últimos dez dias ganhei quase quatrocentos marcos. Três quartos dessa soma foram gastos comprando um gramofone portátil, que agora é necessário para as aulas, além de quinze discos. Whiteman, Hylton, Revelers, Jack Smith. Além disso, fiz um depósito em um alfaiate de primeira linha, na Kurfürstendamm, para um terno azul-escuro, com padrão fino, abotoamento duplo, seis botões; calças largas, a última moda; três gravatas; um par de sapatos pretos; quatro camisas sociais.

*

Sábado é o pior dia para um dançarino. Todos os salões ficam completamente lotados. Na pista da dança, cinquenta casais se espremem, pisando uns nos pés dos outros, ofegantes, se debatendo. Uma única massa de carne, tremulando no ritmo da música como uma gelatina. É o dia em que o dançarino de aluguel perde alguns quilos e talvez não ganhe nem um centavo.

Eu me posiciono contra a parede no largo saguão e analiso todas as mesas. Na minha frente estão duas senhoras, ambas com cortes de cabelo estilo Eton e orelhas vermelhas.

Danço com as duas de cabelo Eton. Com uma delas, este diálogo acontece:

"Sinto pena de você, de verdade, tendo que trabalhar tanto."
"Ah, é um prazer poder dançar com minha cara madame."
"É mesmo?"
"Com certeza."
"E você acha que danço bem?"
"Magnificamente."
"Que eu sou chique?"
"Chiquérrima."

O eterno feminino — mesmo assim não passo de um dançarino de aluguel.

*

É incrível como as pessoas podem ser más. Um garçom me informa: a mesa 87 deseja um dançarino. Certo, lá vou eu. Mas não para a mesa 87, porque entendi o número errado; vou para a mesa 86. Sentados nessa mesa estão um jovem corpulento e uma moça de nariz bulboso usando um vestido cor de tangerina que vai até os tornozelos. Faço minha reverência obrigatória na frente do casal e recito minha frase fixa olhando para o cavalheiro: tenho a permissão de tirar esta dama para dançar? O homem fica roxo de raiva no mesmo instante e suas cicatrizes de duelo se destacam como cruzes brancas. Seus gritos fazem com que todos os hóspedes no salão pulem das cadeiras: "Não permito nada do tipo. Como ousa ceder a um comportamento tão mal-educado? Por que acha que pode assediar esta dama? Seu... ninguém!" Não consigo pensar em absolutamente nenhuma resposta. Dúzias de curiosos estão agora em volta da mesa. Enfim consigo balbuciar: me perdoe — mas sou um dançarino da casa, fui solicitado! "É mesmo!", o homem grita de volta, espumando e tremendo de fúria. "Quem é você? Conheço esse tipo de desculpa." Herr Isin já está atrás de mim, pedindo desculpas em profusão por meu comportamento. O cliente sempre tem razão.

*

Com uma bela mulher negra usando um arminho suntuoso, por baixo um vestido de festa que parece uma armadura prateada, uma rosa no quadril.

Ela me convocou à mesa: nove pratos, mais uma garrafa de Veuve Clicquot sec. Aqui e ali dançamos. Ela não diz uma palavra; deve estar pensando: *Aluguei duas pernas porque quero dançar agora, mas o dono delas é um idiota.*

Depois, uma única pergunta: "Você acha que a dança *black bottom* vai virar moda?".

"Não", respondo. E novamente há silêncio por duas horas. Apenas dançamos. Ou nos sentamos um na frente do outro sem dizer nada.

Às duas horas, ela diz: "Estamos indo". Devo levá-la para casa, pois está sozinha.

Por mim, tudo bem, eu penso.

O táxi já está aqui. Nós entramos e ela diz ao motorista: "Kantstrasse...".

Estou nervoso. Vejo pela janela lateral os sinais de neon lá fora, molhados pela chuva de novembro. Kantstrasse. O táxi para. Eu ajudo a moça a sair do carro.

O táxi vai embora.

Ela abre a porta da frente. De repente, porém, dá meia-volta, olha nos meus olhos e pergunta, com muita seriedade: "Você sabe quem foi Kant?".

Quem foi Kant? Que querida. Não quero estragar a armação pela qual ela pagou 72 marcos, fora as despesas do carro.

Respondo: "É claro, cara madame, um herói nacional suíço".

Ela dá um sorriso torto, levanta a mão e acaricia minha bochecha do jeito que alguém faria com uma pobre criança inapta. Por fim ela entra em casa, trancando a porta atrás dela. Levanto a gola do sobretudo e volto caminhando pela rua.

BZ [*Berliner Zeitung*] *am Mittag*, 19, 20, 22 e 24 jan. 1927; republicado no *Die Bühne*, 2 jun. 1927.

Promenaden-Café

As pessoas em Estocolmo e em Singapura sabem tanto quanto as pessoas no Cairo e em Montevidéu que, em Viena, você precisa ver quatro coisas: as garotas, a Catedral de Santo Estêvão, o Castelo Cobenzl e as cafeterias.

Como toda criança sabe, cafeteria é um assunto especificamente vienense. E agora Viena tem sua mais linda cafeteria. Localizada na esquina da Schwarzenbergplatz com a Parking, ela abriu ontem com o nome de Promenaden-Café. Até o visitante mais mimado se impressiona. O saguão vermelho elegante com charmosos arranjos de canto, o salão azul e verde, a sala de jantar, a comida apetitosa, os garçons com as melhores roupas, tudo isso atesta seu charme e bom gosto. E os cafés especiais! Louvada seja a cozinheira, louvada seja sua abordagem carinhosa: meio copo de chantili flutua por cima daquele café especial maravilhosamente cheiroso, o *Weisse* (você não sabe quando sossegar e aproveitar — é um melhor do que outro). A confeitaria, o jornal, os cigarros, tudo aparece na velocidade da luz, se materializando na mesa de mármore como se fosse mágica. Como você se sente confortável, patriarcal, naquelas poltronas de veludo! A janela, enfeitada com flores, oferece uma vista esplêndida do Ring, com o aroma de café turco sob seu nariz... Não, você precisa experimentar isso por conta própria! Vá lá e dê sua opinião. Eu encontrei minha cafeteria favorita.

Die Stunde, 17 de setembro de 1925

Que frio — em Veneza!

Veneza, fim de fevereiro. O passageiro do avião que escapa do inverno dos Alpes diminui o aquecimento pela metade em Udine, cola a bochecha na janela, fecha os olhos parcialmente e deixa o sol brilhar em seu nariz; ele estica os braços e as pernas até as juntas estalarem, se espreguiça como se estivesse embaixo de um cobertor quentinho e fica parado em um doce abafamento até que o piloto italiano notifique que a coisa azul céu na esquerda é o mar Adriático e que o rio lá embaixo é o Piave.

Do local da aterrissagem, S. Niccolò di Lido, um barco a motor o leva para Veneza. Ele vê o Canal di S. Marco, que é liso como o feltro de uma mesa de sinuca e límpido como os olhos da Madonna del Mascoli. Retira a luva e coloca o dedo na água, só por um segundo, e, depois, o tira, azul de frio. Mas está maravilhado com o sul que o cerca, coloca com devoção o chapéu no colo e pensa que consegue ver a Ponte della Paglia e o Campanile dali.

No andar de cima, no quarto do hotel, ele abre as janelas com alegria e inspira o ar da primavera. Depois tira da mala calças leves de flanela, sapatos brancos com a biqueira amarela e uma camisa violeta, se arrependendo amargamente de ter deixado o chapéu de palha em casa. Caminha pelo Riva degli

Schiavoni sem nada na cabeça, animado e revitalizado. Cruza com moleques briguentos, cascas de laranjas saem voando de janelas cheias de roupas lavadas e caem na sua cabeça; ele não percebe nada disso. Um vento gelado vindo da Isola di S. Giorgio Maggiore lhe dá arrepios, e ele coloca apenas a mão direita no bolso da calça — a mão esquerda aponta para Veneza e para as áreas circundantes —, enquanto assobia Puccini e se imagina no Equador. Ele não vê as nuvens negras se aproximando. Não escuta as gotas caindo na calçada da *piazza*. Atravessa a praça e entra na confeitaria Lavena. Pede gelato e uma dúzia de cartões-postais. Dá umas colheradas no sorvete e escreve para a família. Também estou em Arcadia. E: aqui há sol e o paraíso. E: veja Veneza e morra. E: eu nado no calor do Adriático todos os dias.

Ele olha para o grande Corso na frente do velho Procuratie e se junta às pessoas ali; detecta uma leve mudança na temperatura, espirra três vezes, volta para o Albergo, pega o casaco e o chapéu e elogia o guia turístico, onde lê, na página 12: "Quando o sol se põe no fim da tarde nos meses de inverno, há uma repentina queda na temperatura, bem perceptível, em média de seis a dez graus, o que confunde as pessoas do Norte. Os melhores meses para uma viagem a Veneza são de abril a maio e de setembro a novembro. Mas o inverno também é ameno devido ao mar e aos rios".

O viajante abotoa o casaco até o último botão e vai jantar, passando por ruazinhas incrivelmente tortuosas, tão estreitas que a argamassa gruda nos cotovelos, por cima de pontes com degraus escorregadios. Ele come em uma taverna perto da ópera: *gamberetti*, sopa de ervilha com parmesão. Tangerinas, um vinho encorpado de Verona, oito liras o copo, e um expresso com açúcar de confeiteiro. Ele quer dançar e pergunta ao garçom aonde ir: *Niente*, ele diz.

Na manhã seguinte, o homem abre as persianas e não vê três palmos à sua frente. O *fog* londrino cobre toda Veneza. Também está chovendo e nevando, com flocos aguados. O mercúrio está um pouco abaixo de zero. O homem levanta a gola do casaco e caminha até o Canal Grande. Na Piazzetta, umas vinte gôndolas. Nenhum cachorro à vista. Somente um *rampino* com um gancho fixante enferrujado e nariz escorrendo, as gotas caindo uma depois da outra. Por trinta centesimi esse sujeito fará uma corrida até o Osteria, onde os gondoleiros bebem grapa, uva branca.

Eles andam pelo Canal Grande, na direção da Ponte di Rialto: o gondoleiro, que arremessa um amplo arco de saliva na direção de um *vaporetto*, e o passageiro, folhando o guia turístico com os dentes batendo. Ele lê: "À esquerda, a igreja Santa Maria della Salute, dedicada à socorrista da grande peste. 1030. Barroca". Dá uma olhada: nada. Ajusta o binóculo: nada. A neblina é tão densa que daria para cortá-la com uma faca. Ele continua lendo: "À direita, o Palazzo Contarini, uma magnífica construção da Alta Renascença (1504), com meias figuras sobre os portais".

Mas ele não vê o *palazzo*, nem a Alta Renascença, os portais ou as meias figuras. Somente o gondoleiro, que limpa a boca com a manga de vez em quando.

No Rialto, o viajante desembarca. Uma senhora inglesa com meias xadrez e rosto azul está rebocando uma tela colorida; era para ser uma pintura do Rialto. Um garoto está fazendo uma fogueira de carvão embaixo dos pés dela para que eles não congelem. As pessoas ficam borradas na neblina, tossindo e escondendo metade do rosto nas capas. Que Deus tenha piedade.

Na Merceria, o homem compra um cachecol grosso e dá duas voltas ao redor do pescoço. Ele sobe o Campanile, 97 metros de altura. O curador diz, com uma voz rouca: "Signore, Lei è fortunato, perché oggi il panorama è meraviglioso, vedrá tutte le Alpi e tutto l'Adriatico".[3*] Todo um sistema de binóculos está montado, mas nosso homem não vê nem o Café Aurora, quem dirá os Alpes e o Adriático. Ele passa três horas inteiras visitando as igrejas, o Palazzo Dogale, dez museus e a torre do relógio de Pietro Lombardo, os pés congelados o tempo todo. Fica observando por um tempo um fotógrafo pulando de uma perna para a outra, assoprando nas mãos em concha e as colocando sobre as orelhas, e depois olha para o homem vendendo milho. Os turistas japoneses acabaram de comprar três sacos dele e estão jogando o milho no chão para os pombos.

O viajante dá uma lira para um mendigo. O velho aponta para o chapéu, sem aba e carcomido pelas traças, depois aponta para os pombos brigando pelo milho e declara com ênfase que ontem um pombo deixou algo cair no chapéu dele, o que basicamente significa que teremos mais dezessete dias de neblina, chuva e frio.

Brr, pensa o viajante, e entra no Café Florian. Americanos se curvam sobre jornais tão grandes quanto um lençol, recém-casados comem chantili com uma colher, jovens venezianos de cabelo ondulado estão jogando *briscola*, outros dois jogam sinuca

---

3. "Senhor, você está com sorte, pois hoje o panorama é maravilhoso: conseguirá ver todos os Alpes e todo o Adriático."

italiana, com duas bolas grandes e uma pequena, pinos e buracos em cada canto.
O homem pede chá. E os horários dos trens.
Então ele faz as malas no hotel, amaldiçoa o ridículo forno à lenha, toma duas aspirinas e sonha com doges, em peles de arminho, patinando no Canal Grande congelado.

Die Stunde, 3 de março de 1927

Foi por aqui que Cristóvão Colombo chegou ao Velho Mundo

Gênova, em fevereiro

NULLA DOMUS TITULO DIGNIOR
HEIC
PATERNIS IN AEDIBUS
CHRISTOPHERUS COLUMBUS
PUERITIAM
PRIMAMQUE JUVENTAM TRANSEGIT[4]

A inscrição está no bloco de mármore colocado sobre duas janelas, onde, há mais ou menos 480 anos, as fraldas de Cristóvão Colombo eram colocadas para secar.
Não sei se Cristóvão Colombo teve irmãos e irmãs ou se era filho único. Não importa: a família Colombo parece ter morado em um local apertado; esta casa, com janelas e

---

4. "Não há nenhuma casa mais digna de consideração do que esta, na qual Cristóvão Colombo passou a infância e a juventude dentro das paredes de seu pai."

um bloco de mármore — a cem passos da Piazza di Ferrari Ponticello — mal tem quatro metros de largura, sete de comprimento e cinco de altura: de pedra, cinza-escuro, telhado plano e paredes rachadas.

As casas à direita e à esquerda foram demolidas, liberando assim a histórica estrutura de pedra na qual o homem que descobriu a América nasceu e formando o canto de um pequeno jardim cercado por uma alta treliça de ferro em que a grama selvagem se mistura com latas de alumínio retorcidas e garrafas quebradas, algumas árvores podres e uma construção para lá de estranha: um antigo pórtico romano mal restaurado, cujas partes foram desenterradas dezoito anos antes durante o trabalho na Banca d'Italia. Ele parece estar ali desde o nascimento de Cristo e serviu de forte para o jovem Colombo e seus amigos quando eles brincavam de polícia e ladrão.

O supracitado bloco de mármore e as duas janelas são os únicos adornos na casinha, além de duas portas pesadas de ferro, recentemente pintadas de verde-escuro, e uma guirlanda, pendurada sob o telhado plano, que está tão seca que apenas um especialista poderia estabelecer o gênero e a espécie das flores. As outras três fachadas estão vazias.

Um curioso descobre que as duas portas de ferro estão trancadas. Ainda é bem cedo, a chuva vem e vai, e um vento forte levanta as poucas folhas empoeiradas que sobem pela casinha. Uma garota de tamancos está andando pela rua com um jarro de leite.

"Sempre fechada?"
"*Si, signore.*"
"Quem tem a chave?"

"Por que, senhor?"

"Porque Colombo nasceu aqui."

"E quem é Colombo?"

A garota não espera pela resposta e continua andando, balançando o jarro de leite e desaparecendo em um beco lateral.

Um taxista genovês que parece conduzir estrangeiros de vez em quando está mais bem informado: "A casa de Colombo fica aberta durante o verão. Dois cômodos com a antiga mobília dele".

Na casa do outro lado da rua, que parece ser tão velha quanto, há uma hospedaria com fantasias de Pierrot no andar de cima, uma amarela, outra preta, o anúncio de uma empresa de aluguel de máscaras; um veterinário tem uma clínica na porta ao lado e uma escola de música promete a todos um bandolim novinho de graça mediante o pagamento prévio de uma taxa mensal de vinte e cinco liras por meio ano de aulas.

Vinte prédios se recostam uns nos outros, retorcidos e ruinosos, desleixados e desertos, cheios de buracos, átrios, escadas em espiral e becos sem saída, todos levando à Porta di Sant'Andrea, construída por volta do ano 1000. Vestígios das muralhas da cidade aderem a ela. Com certeza Cristóvão Colombo esteve embaixo dela jogando *biglie*, o jogo com bolas coloridas que divertia os garotos na Babilônia e ainda diverte na metrópole.

*

Durante o chá no Hotel Miramare, um americano atarracado de bochechas gordas me oferece cigarros Camel. Começamos a conversar, e depois de meia hora o homem me diz:

"Um golpe de sorte me trouxe de San Remo a Gênova, um golpe de sorte, pode acreditar. Não se deve revelar planos de negócios, mas hmm, hmm... confio em você. Escute, descobri a casa onde Colombo nasceu aqui. E essa descoberta pode render milhões de dólares, hahaha. Sabe o que quero fazer? Formar um consórcio nos Estados Unidos que compre essa casa, haha, e a leve para Nova York de navio, é assim que ela vai e vem, haha, e daí abri-la para o público lá cobrando um ingresso de cinquenta centavos. Um museu de Colombo, entende? Também vamos à prefeitura comprar as três cartas que Colombo escreveu que estão situadas no *municipale*. E, com um homem da Filadélfia, conseguiremos a âncora do marinheiro cujo navio foi o primeiro a chegar ao Novo Mundo. Que pena, é mesmo uma lástima que o ovo que Colombo colocou em pé já tenha apodrecido há muito tempo."

Berliner Börsen Courier, 3 de abril de 1927

A arte dos pequenos ardis

Não quero insistir logo de cara para que, a partir deste dia, as escolas ensinem a arte da mentira, e aqui me refiro ao uso da postura e de expressões faciais, gestos e inflexões vocais para comunicar o oposto da verdade com arrebatadores poderes de persuasão, atingindo assim um sucesso imbatível. Não quero exigir isso explicitamente na forma de pressão por uma nova reforma educacional, pois também estou enredado em um conjunto de ideias curiosamente antiquado e aprecio e honro a tal verdade. Mas consigo imaginar com facilidade que, em duas ou três décadas, as mentiras serão vistas como um implemento indispensável — e, portanto, totalmente irrepreensível — ao nosso cotidiano, e seu uso correto e apropriado poderia ser aprendido de forma sistemática com o emprego do método científico.

A mentira como uma disciplina escolar obrigatória, acessível a todos e a qualquer um, um assunto que implica esforço assíduo e aspiração incansável, não seria mais um privilégio dos poucos que têm uma predisposição natural nesse campo: isso, creio eu, seria a justificativa social e moral perfeita para esse, até então, recurso maligno, em uma base estritamente democrática.

Isso talvez fornecesse um caminho para a arte da educação moderna que, por alguma razão misteriosa, sempre foi negligenciada. Você nunca pensou que desperdício irresponsável de vida, que peculiaridade escolástica, é o fato de que, à luz dos desafios atuais, as escolas — até as mais progressistas — não incluam uma disciplina de Habilidades Práticas de Vida nos currículos? Que todos que, na aurora da vida, já tenham dominado a raiz quadrada de dois, a lei de Mariotte e Gay-Lussac e os anos do papado São Gregório, o Grande, precisem empregar as próprias habilidades mentais, nos seus quadragésimos anos de vida, para descobrir quais ferramentas, métodos dialéticos, bons sensos e ardis são necessários para discutir com a esposa, ou algo do tipo, e precisem tentar infinitas vezes até chegar lá?

Você, jovem amigo e autor de um importante tratado sociológico, aborda um influente mecenas. Você entra no escritório dele, certo da sua significância, do valor sublime do seu objetivo, da excelência das suas conquistas. Mas, vejam só, sua postura está reduzida a um baixo nível de bajulação, sua respiração rápida rouba da sua voz a entonação adequada e a ressonância peitoral obrigatória. Seus gestos são fracos e não convincentes. Em resumo, você apenas não está em uma posição para se apresentar, para dar vida ao seu projeto com credibilidade, você está fascinado e encantado pela magnífica onda pela qual seu impressionante destino alcança o desejado porta-voz e, na pausa subsequente, perde o fio da meada pensando em ideias analíticas sobre a natureza dessa grandeza, em vez de manter o próprio maquinário em ordem. Nervosismo? Não, amigo! Ignorância! Cegueira! Você simplesmente deveria ter aprendido. Onde? Esse é o problema...

Você não acha profundamente vergonhoso, até mesmo francamente inexplicável, que em uma era de abordagens científicas da publicidade, de entrevistas de emprego experimentais e psicológicas e de todas as outras conquistas americanizantes no ramo do gerenciamento integrado de vida, indivíduos ainda sejam forçados a aprender sozinhos, ao longo do tempo, o que poderia ser ensinado em um único ano de instrução sistêmica sobre tom de voz, bordões, movimentos de braço e expressões faciais? E ali está ele, inchado de experiências de vida, enquanto ninharias absurdas, porém indispensáveis, são grandiosamente rotuladas com o tipo de indiferença de um chefe que não tem intenção nenhuma de poupar o estagiário de qualquer obstáculo ou da menor falha. Essa atitude em relação à vida é com efeito medieval, esse chafurdar em incômodas insinuações obscuras, profecias ameaçadoras e pomposas exortações em vez de simplesmente criar uma escola para coisas do tipo, ensinando aos jovens a arte da trapaça de maneira animada e vivaz. Que ganho de tempo! Que ganho de vitalidade! E como seria simples a configuração dessa nova disciplina; acarretaria apenas em um estudo de fisionomia e tipologia humana, além de um pouco de instrução sobre conflitos, drama e exercícios vocais. "Hoje abordaremos a questão da indignação" será — esperamos — o que uma professora dirá na sala de aula em um futuro não tão distante. "Na última aula, aprendemos a aceitar elogios insinuantes, agora vamos passar para a indignação e as três formas práticas que ela pode tomar. Lederer, nos dê um resumo do que aprendemos!" E Lederer, no seu décimo sétimo ano de vida, dará um passo à frente, e com a mais magnífica facilidade, suavemente e sem hesitar, apresentará os oito ou dez gestos ou palavras que nós, agora com quarenta anos, mal conseguimos balbuciar sem concentrar cada fibra do nosso ser toda vez que precisamos. "Muito bem, Lederer", a professora dirá, "só faça uma voz mais grossa. Deixe o movimento da sua mão em direção ao chão mais pronunciado e desacelere tudo uns dois segundos." E então avançaremos aos três tipos de indignação, técnicas de cumprimento, posturas arrogantes, comunicação com autoridades e, por fim, à fase final do curso, que é concluída com êxito com o difícil, porém vital, tópico da autopromoção.

Berliner Börsen Courier, 1º de maio de 1927

Naftalina

Começou na terça-feira. A senhoria, uma artista circense aposentada com espantosas pernas tortas e um broche prateado com uma cabeça de cavalo, chicote e ferradura distribuídos de maneira adorável, entrou no meu quarto e passou por mim sem dizer nada. Digo "nada" porque não estou disposto a interpretar como palavras os resmungos em francês que ficaram presos nos seus pedaços do bigode grisalho e dos quais entendi apenas a palavra *printemps*.

Num piscar de olhos, ela havia aberto a janela dupla. Eu quis ser mais incisivo nos meus protestos. Mas a brisa entrando do pátio levantou minha conta não paga de abril que estava sobre a mesa, e então ela voou por um tempo entre a natureza-morta com tomates e o abajur de chão empoeirado até cair bem do lado do calendário, bem onde ficava o zero da data (era 10 de maio). Então eu não disse nada. Só coloquei meu dedo indicador, azul de frio, na boca, e a carta para Olive em um envelope, usei a conta de abril como marcador de livro no Jack London, tirei meu chapéu do gancho e saí.

O corredor tinha um cheiro distinto de óleo. A senhoria, o primo dela e a empregada estavam parados na frente de uma enorme mala aberta. Com um entusiasmo crescente, eles enfiavam lá dentro pilhas de carpetes, roupas velhas e bichos de pelúcia. A senhoria era quem comandava todos os movimentos. Na mão direita ela segurava uma sacola, da qual saía um pó branco que ela atirava por cima de toda a *chose*, do jeito que açúcar de confeiteiro é derramado em cima de panquecas. Cheguei mais perto e vi as mulheres embalsamando meu casaco. No mesmo momento, percebi que esse detestável açúcar de confeiteiro portava o nome de *naftalina*. Aproveitem, pensei, e fui para o café.

Na quarta-feira, às 11h30 em ponto, espirrei três vezes. Deixei quase metade da minha *bockwurst* no Aschinger's e peguei meu penúltimo lenço de casa. Levei também meu guarda-chuva. Na Wittenbergplatz, pensei ter ouvido granizo batendo contra a calçada. E meu casaco absorveu o cheiro de naftalina, bem longe, na mala e no chão.

Quinta-feira. Hans me trouxe um termômetro: 39,5 graus, nada mal. Faço um gargarejo com água salgada, eles enrolam a meia de lã do primo ao redor do meu pescoço. A empregada lava os lenços desde o café da manhã. Meus olhos quentes só veem os três Santos do Gelo: Mamertus, Pancras e Servatius fazendo malabares com bolas de naftalina bem do lado da minha cama. Através da porta do corredor, um cheiro estúpido de óleo parece estar entrando de novo. Acho que estão desfazendo as malas.

Berliner Börsen Courier, 13 de maio de 1927

Tudo, menos a objetividade!

Para o linguista interessado na comunicação humana, a palavrinha "mas" tem um significado especial. Logo de início — e todos concordarão comigo neste ponto — sua função é introduzir percalços tímidos no bom andamento das coisas e matar a esperança criada pelas palavras "eu adoraria..." com um veneno açucarado. Mas depois — e agora quero adentrar um território mais intelectual — a palavra "mas" é o condenável veículo de uma objetividade doentia, principalmente quando se trata de julgar os outros. Quantas vezes até eu respondi as declarações de um amigo sobre tal e tal sujeito que é um imbecil convencido dizendo: "Mas ele estudou filosofia com Georg Simmel", me jogando assim nos braços de uma objetividade que desnecessariamente complica o mundo de maneira que maltrata a vida, mergulha a mente em dilemas, aniquila o impulso de agir e ainda por cima possui o terrível efeito de nos cercar, em todo e qualquer lugar, de pessoas interessantes.

Os poucos verdadeiros *connaisseurs* da arte de viver entre nós conhecem o prazer palpável de chamar alguém de canalha ou de cretino, simples assim, sem sentir necessidade de rebater com um comentário sobre como ele toca piano esplendidamente e assim solapar o que acabara de dizer; de declarar uma pessoa estranha simplesmente insuportável sem precisar comentar mais tarde que ela é apenas uma alma tímida com inibições terríveis. Tudo, menos a objetividade! Ela inquieta o coração, torna seu caráter volátil e ambivalente, e qualquer pessoa que a usa com excesso mais cedo ou mais tarde cai em uma neurose severa, como se uma emoção tivesse sido enfiada à força em você.

O povo, nosso querido povo, não tem essa objetividade e goza de plena saúde. Sabe como invocar palavras fortes cheias de imagens vívidas, afirmações ferozes contra sujeitos desagradáveis, julgamentos apodícticos, que, por sua própria natureza, não permitem nenhum "mas" subsequente. Até a pessoa mais objetiva não conseguiria inventar um jeito de suavizar uma afirmação como chamar alguém de "um monumental imbecil", fazendo parecer com que a pessoa assim caracterizada tivesse, contudo, uma boa compreensão das mais sutis nuances estilísticas. Declarações desse tipo vindas de indivíduos francos e diretos têm a irrefutável natureza de um axioma matemático — ideias a priori só estão ali, impassíveis a qualquer explicação, qualquer refutação, como montanhas feitas de vidro.

Ações como fazer uma reverência refinada ou virar os dedos dos pés para fora ao caminhar graciosamente, como a nefasta objetividade, originam-se do mundo da corte, que por vários séculos forneceu o modelo para a cultura urbana.

A objetividade era a virtude de um bom monarca, era a compaixão do benevolente soberano pelas forças e pelas fraquezas de seus súditos, foi o início, a célula primordial de uma forma democrática de governo que garante até às minorias o direito de dar uma palavrinha e que, depois, por volta do fim do século XIX, atinge seu ápice com as expressões: "Por um lado, por outro lado!" e "Mas ainda assim...!". Parece natural que, de acordo com o trem da história, a chamada democracia sempre procure se diferenciar da ditadura, o que leva a uma mudança na arena da objetividade pessoal; resumindo, que a irritável hesitação ao proferir uma opinião sobre alguém, em última instância, impede as pessoas de conferirem uma validade absoluta a seus julgamentos de maneira alegre, sincera e vigorosa, como em uma ditadura, e de voltarem ao método natural, a uma população intocada, saudável, da qual todo poder emana, e de chamar um idiota de idiota com a consciência limpa mesmo que ele escreva os mais lindos versos. O que eu defendo é uma ditadura implacável das opiniões. Ninguém mais deveria ser mentalmente constrangido a reconhecer as inegáveis virtudes de um amigo cuja mera aparição causa dor de barriga. Pense na sua saúde! Vamos voltar aos bons, irrefutáveis, frescos palavrões que nosso povo tem ricamente ao seu dispor. Que se dane a palavra que está na ponta da língua. Tudo menos a objetividade!

Berliner Börsen Courier, 20 de maio de 1927

Quando faz vinte e nove graus

O termômetro bateu a marca de vinte e nove graus. Não porque alguém segurou um fósforo embaixo do tubo de mercúrio, mas de maneira totalmente natural, pois um muito esperado sistema de alta ou baixa pressão nos invadiu. Ontem as pessoas se gabavam de que até as mais extremas temperaturas desérticas seriam agradáveis em comparação a este clima gelado, úmido, instável. Agora, estão colhendo o que plantaram. Já era. Água com gelo na cabeça, água com gelo no estômago. Um pouco de dor de cabeça e de dor de barriga. Onde se enfiar nesta tarde inutilmente livre? Um ataque de loucura tropical. Vamos todos sair. As pessoas se dirigem ao baile do chá das cinco.

E — isto não é uma miragem, mas a realidade de Berlim — outros que ficaram loucos por causa do calor já estão aqui. Facilmente algumas dúzias, homens e mulheres. Sentados na frente dos refrigerantes gelados com a sensação de que estão fervendo. Deixam o verão vir até eles e cumprem seus deveres com valentia. O saxofone ataca o número de abertura do jazz. Todos estão posicionados para dançar o *black bottom*. Quando faz vinte e nove graus. Com uma energia admirável, apesar de não estarem batendo recordes de velocidade, os casais requebram pela longa pista oval. Aplausos contidos. A segunda rodada. De vez em quando, uma perna se recusa a participar dessa atividade, que é mais bem desempenhada no inverno. Os dançarinos mais espertos estão grudados em suas posições, se mexendo o mínimo possível. Hoje os costumeiros apertos de mão das moças desapareceram, só há pequenos sorrisos. Ela joga um lenço de seda sobre a testa, toma um gole usando o canudo amarelo; a próxima dança.

Na janela, o calor opressivo se torna insuportável. E, por Deus, os dançarinos parecem se sentir melhor. Talvez não seja tão disparatado espantar esse calor do diabo com o *black bottom*. Eles pulam, de olhos fechados. "O homem na bateria escorregou no instrumento." A mulher com o lenço de seda verde-claro, a qual tirei para dançar, agora flutua maravilhosamente na minha frente, ignorando meu refinado sentido de audição. Seu olhar murcho me diz que não desonra o *black bottom* com palavras. É claro. Mas, precisando falar algo novo, adiciono às minhas palavras de sabedoria: "Todo diletante tenta tocar bateria. Na verdade, é preciso bastante treino. Eu mesmo...". Eis que uma explosão de luz inesperada me assusta. Que erro constrangedor. Não foi uma imprecisão da percussão, mas sim o crescente ronco de um trovão — aqui vem mais um clarão —, uma verdadeira tempestade. Minha Senhorita Seda também percebe o que está acontecendo, para seu horror, e de repente chega mais perto, fica quase receptível. O céu preto azulado é ameaçador do lado de fora das janelas. As lâmpadas brilhantes são inúteis contra o perigo iminente. Os trovões ficam cada vez mais amedrontadores, os raios, mais sinistros. A banda compete heroicamente contra os sons da natureza, mas não consegue impedir que o *black bottom* se degenere e vire um deslizamento frenético.

 Levo minha amarrotada Senhorita Seda para a mesa. Ela encara a tempestade em silêncio. Para não a perturbar com estridentes palavras de adeus, me sento na cadeira ao seu lado. Infinitos minutos de nada além de raios e trovões. Coloco meu relógio de bolso sem graça na mesa e examino o ponteiro dos segundos. "O som viaja a 340 metros por

segundo. A tempestade não pode estar longe." De repente, o rosto da Senhorita Seda se contorce de medo, mas ainda mantém os traços de uma doce jovenzinha. "Aliás, minha Fräulein, estamos no segundo andar, ou seja, no andar mais alto deste prédio." *Não olhe, não se mexa*, eu ordeno a mim mesmo. "Já que o prédio é bem recente, talvez ele ainda não tenha um para-raios."
Já chega. O último aplauso dos trovões nem é necessário. Com um grito final, ela pula, tentando agarrar meu braço. Coloco minha capa de chuva ao redor de Elli e a transporto até um local seguro, como um herói digno da sua gratidão, em um bar próximo no andar de baixo.

Por favor, por favor, outra tempestade amanhã.

Berliner Börsen Courier, 1º de junho de 1927

Dia fatídico

Abaixo da data de hoje, o espaço reservado para comentários no meu calendário de bolso diz: *dia fatídico*. Sublinhado duas vezes. Uma escolha incomum de vocabulário para um caderninho. Fora isso, a página inteira só tem nomes e números. Ontem, havia lembretes para pagar as contas e para Pentecostes, uma lista de conexões de trem e hotéis. E então essa nota solene. Mesmo assim, é inegável que eu mesmo escrevi isso; até a ênfase dupla está na minha letra. Começo a me lembrar.

Foi por volta de três semanas atrás. Depois de muito tempo, consegui voltar a dar um passeio relaxante durante o dia, olhando as vitrines da Tauentzienstrasse. De repente, na Wittenbergplatz, gritos e risadas vindos de uma crescente multidão. Líder ou vítima, no centro, com gestos selvagens, está um pálido jovem, os lábios brancos bem abertos para gritar, quase sem perceber os caluniosos protestos enquanto profere a acusação de que "esta era, que não tem mais coração". Suavemente, audível apenas para aqueles que estão perto dele, termina com: "Mas o quatro de junho será o dia fatídico para todos". Como assim? Ele não pode, e não vai, dizer. Mesmo assim, como se pressentisse o mal por vir, um arrepio percorre seu corpo enquanto nomeia a data. Logo ele começa a segunda parte do discurso. O policial na esquina olha com indiferença para o orador, cujas palavras ficam cada vez mais emocionadas. "Ele está com o parágrafo no bolso", alguém explica. Então hoje é o dia fatídico. Para todos nós. Não considero esse tipo de profecia o fim do mundo, mesmo que esteja ligada a um dia específico. Mas, agora que me recordei disso, me sinto obrigado a prestar um pouco de atenção. Me pego pensando nisso ao buscar o corrcio ou ao ler os últimos telegramas. Nada fora do normal aconteceu. Catástrofes naturais, confrontos sangrentos, acidentes, um avião caindo no oceano. Com certeza será fatídico para muitos, mas não para todos. Não há nem sinal de um evento revolucionário. Mas agora estou tomado de maus pressentimentos, pensando se sequer é possível fazer o balanço deste dia de hoje, mesmo que seja apenas sobre o significado, ou a insignificância, de um incidente. Qualquer coisa pode começar irreconhecível, qualquer coisa pode se tornar um destino terrível. Percebo como estou sendo exagerado. Ao mesmo tempo, tudo se torna sério e importante.

Como seria se, só por um dia, *todos*, de repente, encarassem tudo como sério e importante? A sequência mecânica da vida familiar, os padrões subjacentes ao trabalho profissional. Dizer bom dia à esposa, assinar documentos. Dia fatídico?

Berliner Börsen Courier, 4 de junho de 1927

Procura-se: o otimista perfeito
UM DESPACHO IMAGINÁRIO DE NOVA YORK

Quatorze de abril. Eu leio este anúncio no *New York Herald* de hoje:

> Contrata-se:
> Homem gordo, baixo, careca e com bons dentes. Quarenta dólares por semana.
> Venha amanhã entre às oito e às dez.
> Gridgeman,
> Atacado de marmelada, 293 Ninth Street.

Quinze de abril. Eu fui o primeiro. O sr. Gridgeman deu uma olhada no meu físico, examinou minha careca e meus dentes e disse: "Sorria". Não entendi, e ele repetiu a solicitação. A situação era tão estranha que achei complicado começar a sorrir de orelha a orelha. "Então, está contratado." O sr. Gridgeman me deu um tapinha nas costas com uma mão dura como aço. Entramos no escritório privado dele. Ele apontou para uma poltrona de couro na frente da mesa. "Sua tarefa será sentar nesta poltrona todos os dias, das 8h às 14h. Você pode ler histórias de detetive, escrever memórias, fumar, até remendar meias se quiser. Mas tem que sorrir e continuar sorrindo. Isso é o essencial. Quarenta dólares por semana. E você começa amanhã. Adeus."

Dezesseis de abril. Venho de uma noite em claro. Esse sr. Gridgeman parece ser louco. Ou ele quer me mostrar para seus clientes, afirmando que minha corpulência vem apenas do meu deleite regular com as imbatíveis marmeladas Gridgeman? Estou no local exato às oito em ponto. O sr. Gridgeman já está aqui. Eu me sento. Começo meu trabalho com um pouco de timidez. Sorrio para o sr. Gridgeman. De vez em quando, olho em volta. Estatísticas altamente educativas sobre a quantidade de proteína nas ameixas da Califórnia e uns dez ditados espertinhos estão colados nas paredes, elogiando as bananas Gridgeman como monumentos da gostosura, do valor nutricional e da cultura. Também: qual perfume poderia ser melhor do que o aroma da nossa geleia de abacaxi? Através da porta de vidro, vejo o fino e belo rosto de uma datilógrafa com cabelos pretos e lisos, datilografando em um bom ritmo e me impressiono bastante. Sorrio o tempo inteiro, duas horas, quatro horas, seis horas.

Vinte e dois de abril. Esse emprego é esplêndido. Me pagaram meu primeiro salário semanal, quarenta dólares. Acho que, dado o absurdo do trabalho, sou o cara mais bem pago do mundo. O sr. Gridgeman ainda não me disse uma palavra sobre as causas e os porquês. Minha curiosidade se esvai. Já pensei em todas as possibilidades e nada pareceu satisfatório. O sr. Gridgeman é apenas um louco inofensivo, e eu não tenho coragem de fazer perguntas para um louco. Por sinal, o sr. Gridgeman é muito gentil comigo. Fumo os charutos e masco os chicletes dele. Quando ele está ditando cartas comerciais para a bela datilógrafa — o nome dela é Bessie —, me acena com a cabeça amigavelmente. Durante suas ligações de longa distância para Filadélfia, Baltimore e Denver, e para os engenhos no Alabama e na Carolina do Sul, ele sorri de volta para mim. E, quando chegam executivos, ele me apresenta a eles como um amigo. Fornece orçamentos, fala sobre a nova colheita e sobre as magníficas toranjas, recebe pedidos de marmelada aos montes. Mas nem por um segundo ele deixa de encarar meus olhos e meus lábios, que estão congelados em um sorriso eterno.

Quatro de maio. Tudo está correndo muito bem. Recebo más notícias de Jefferson City: a fazenda dos meus sogros sofreu graves prejuízos com a enchente catastrófica do Mississippi. Mas isso não vai me impedir de manter um sorriso no rosto.

Sete de maio. O sr. Gridgeman parece estar bem satisfeito comigo. Sua mão dura como aço me dá tapinhas nas costas com cada vez mais frequência; já tenho uma boa dúzia de hematomas. Todos os dias, me servem sorvete ao meio-dia. Agora recebo cinquenta dólares. No domingo, Bessie e eu iremos a um jogo de beisebol.

Dezessete de maio. Estou bem abatido. Do nada, Bessie ficou noiva de um fabricante de roupas de baixo do Bronx. O que devo fazer? Preciso sorrir. Talvez isto ajude: assinei umas revistas satíricas, *Life*, *Punch*, a *New Yorker* e a *Judge*. Mas não sei se essa é a solução adequada. Prefiro ler a seção política do jornal diário.

Trinta e um de maio. Gridgeman fechou um grande negócio. Ele solta gargalhadas, chega perto de mim e bate no meu ombro com tanta força que dobro os joelhos. "Bem,

que tal! Você é um cara ótimo; conseguiu clientes para todo o meu inventário de marmelada, e aposto que 80% dele estava mofado. Foi uma ótima ideia contratar você. Ah, você ainda nem sabe qual o seu propósito. Você é meu amuleto da sorte. Preciso ter um otimista ao meu lado, um cara gordo que está sempre rindo e emanando vivacidade. Quando vejo você, nada pode dar errado, nada."
Primeiro de junho. Hoje encontrei a porta do escritório bloqueada e a fechadura trancada pelas autoridades. Abaixo da plaqueta da empresa, um papelzinho com a seguinte mensagem datilografada: "Fechado pela justiça por falência".

Berliner Börsen Courier, 3 de julho de 1927

Renovação
UMA ODE ÀS CAFETERIAS

Cafeterias têm algo em comum com violinos bem tocados. Elas ressoam, reverberam e transmitem diferentes timbres. Os muitos anos de algazarra dos frequentadores sedimentaram seus átomos e filamentos de um jeito singular, e a carpintaria, os painéis e até certos móveis pulsam maravilhosamente ao ritmo da vida dos visitantes. Uma década de pensamentos maliciosos e venenosos nas paredes escurecidas se transformou em um acabamento doce e radiante, como uma pátina fina. Cada som, emanando do menor tremor, dos cérebros mais banais vem e corre sem parar em ondas misteriosas, através de todas as moléculas do corpo de som executado de forma magnífica, dia após dia, com os frequentadores tocando as cordas para atingir a inspiradora ressonância que suas vidas, profissões e famílias geralmente não conseguem entregar. O milagre molecular que se desdobra aqui, o fenômeno da infusão metafísica da aura dos frequentadores com a alma dos seus pubs favoritos ainda precisa ser objeto de pesquisa acadêmica.

Mas será que algum dia ocorreria ao dono de um violino Amati usar uma lixa para esfregar o ressoante acabamento vintage do seu instrumento, cujos átomos estão tomados pela sonoridade de incontáveis concertos, e revestir o violino com uma pátina dourada? Essa barbaridade deplorável está sendo cada vez mais usada para realizar um procedimento desse tipo nos pubs preferidos da nossa gente! Até que um dia, você entra naquele local familiar e a mobília se foi, você vê homens em escadas enormes com insultantes chapéus usando ferramentas afiadas para raspar as mais preciosas essências e depósitos das paredes. Para seu desespero, você reconhece a melhor piada que já fez na vida, agora reduzida a pó naquelas paredes, junto ao clamor da gargalhada que ela ocasionou, e tropeça nos perspicazes comentários que você havia feito sobre a natureza dos fãs de xadrez. Você está parado ali quando a funcionária do lavabo, temporariamente removida dos seus outros ofícios, usa um pano para limpar do chão as doces palavras que você sussurrou no ouvido de Amalie em 1916, e — com alguns ajustes — no de Laura em 1918. A cabeça inclinada para averiguar a questão, a mão na corrente do relógio, o dono do café para do meu lado, enquanto me emociono cada vez mais, e diz: "Ali! Dê uma olhada!".

Agora será diferente. Em algum lugar estão duas lindas cabeças de elefante com trombas porta-lâmpadas que serão usadas como refinados ornamentos de iluminação nos dois pilares. Uma família de pescadores, telhas do lago Gosau e camponesas em molduras renascentistas finamente entalhadas estão esperando seu destino decorativo. Vermelho e dourado. Brocado e repes. A dançarina Kitty Starling... um urso-polar vagueando em um bloco de gelo banhado de luz...

É culpa das mulheres, acreditem em mim, mulheres com seu sentido de história terrivelmente deficiente, que se manifesta de um jeito tão desastroso — amor pela organização e pela limpeza; mulheres e seu amado apego ao presente, seu desdém pelo fluxo do tempo, que preferem concentrar seus esforços em enfrentar a passagem dos éons com cosméticos, acessórios e carpetes. O empenho das mulheres é voltado para a demolição do tempo. Quando um homem teria a ideia de repintar um salão? Quando um pintor teria imaginado que o pincel em sua mão treinada era um parente próximo da esponja do pó de arroz enfrentando as pirâmides de Gizé? Mas quando foi que uma mulher entendeu de verdade o panorama metafísico do homem, que o impede de doar seus velhos chapéus, empoleirados como estão sobre seus pensamentos, ou de jogá-los fora, querendo ou não?

Carregando de forma cega seus ideais para respeitáveis tavernas impregnadas de tradição, ela está ávida, como a esposa do dono de uma cafeteria, para impor o princípio da domesticidade tanto na cafeteria quanto no lar, cumprindo esse trabalho minuciosamente, limpando, pintando, em resumo, obliterando o tempo e fornecendo uma aconchegante casa bem asseada para seus convidados. Mas, eu pergunto, quem é que de fato anseia por voltar para casa? Ela obriga o marido relutante a se ajustar aos novos tempos, remodelar, alterar a imagem, ornamentar o local, adicionar vermelho, polir os móveis e colorir o cabelo do pub.

O pub local, um lugar de extrema masculinidade, está prestes a adquirir um aspecto completamente feminino que empresta ao conceito de "passar o tempo" um ângulo estranho e bem especificamente feminino, com renovações incansáveis e rejeições radiantes de todos os anos que se passaram. Fisionomia honrada do bar preferido de todos! Com dourado e vermelho, o tempo foi retirado dos seus traços. O frequentador está chocado com a destruição dos anos, com a erradicação dos pedaços de si mesmo que ele insuflou ao local. Mas a mulher que comanda tomou conta de uma nova cafeteria...

Berliner Börsen Courier, 13 de julho de 1927

Por que os fósforos não têm mais aquele cheiro?

Acordei no meio da noite. A chuva castiga as persianas. Um pequeno feixe de luz escorre pela parede. Alguém ligou uma luz no prédio do outro lado da rua, e neste momento ela veio na minha direção. Não foi uma mera sensação olfativa que me arrebatou, foi quase um sentimento de dor percorrendo todo o meu corpo, permeando cada célula e transformando-o de um jeito misterioso.

Então, como foi?

Bem, foi assim: um fósforo escorregou com suavidade pela superfície abrasiva e a luz se acendeu. E em silêncio, sinistramente, a chama do espírito azul surgiu. Sua fragrância se misturou com o último traço do fósforo moribundo. Agora, um aroma com um doce toque de cacau foi adicionado, um lento zumbido conforme ele aquecia. O que era essa maravilhosa sinfonia de cheiros que de repente acariciava e bajulava minha face? Que vozes eram essas? Espíritos... cacau... fósforo se apagando... Por que os fósforos não têm mais esse cheiro? Sim, como foi que isso aconteceu? O desenvolvimento, o progresso e a catástrofe também deixaram uma marca em vocês, fósforos? É um desejo por algo novo ou a falta de tempo que hoje o constrói a partir de materiais diferentes, frios? Sua alma se foi. Você tem uma nova? Eu não entendo. Sou velho demais para capturar o espírito das coisas com narinas ansiosas como fizera antes?

Ah, abençoada fragrância das poltronas de couro das carruagens beijadas pelo sol! O sol estava assando, uma poeira leve e fina se deitava sobre a rua, e a grama seca liberava seu aroma, verde e herbáceo, saindo do chão. A procissão de Corpus Christi havia passado por aqui. Lembro do cordel de chicote. Entrando na lojinha, você o veria pendurado na porta às dúzias, vermes escuros e esguios enfeitados com franjinhas coloridas de lã, pretas e novas, emitindo uma fragrância que significava cavalos e estábulos e um domínio vigoroso sobre os dois. E de dentro de uma das inúmeras gavetas que chegavam até o teto vinha o penetrante aroma de um tempero singular e misterioso que nenhum mortal pertencente à clientela jamais havia visto, sentido, nomeado. Atraente aos jovens que desejavam entrar na loja três vezes ao dia, um segredo comercial revelado apenas aos mais altos eruditos. Eles sabiam como guardar bem esse segredo. Caso eu perguntasse, eles explicavam, com olhares traiçoeiros nos rostos, que não tinham entendido o que eu quis dizer. Cheiros caros. "Cordel de chicote" e "armazém geral", o que aconteceu com vocês?

E depois: o primeiro dia no apartamento de verão. Cheiro de gesso molhado usado para pintar a escada de branco brilhante. Um aroma rançoso, arenoso, vinha da adega. Adicionada a essa dualidade fascinante estava uma mistura de verniz e maçãs de inverno vinda dos quartos. Ah, era impressionante! A aula de natação, ela tinha um cheiro de bola de borracha nova, madeira cinza quente e papel em que um pouco de manteiga, derretida pelo sol, ainda persistia. A sauna era úmida, terra molhada, um local de silêncio. O silêncio também tinha sua fragrância. Até mesmo o ar tinha um cheiro delicioso em alguns dias de inverno! Qual componente do carvão teria causado esse efeito? Havia três tipos de aroma em jogo. Eu os chamei de "Canção sem palavras", "Sonate Pathétique" e "Mães". Hoje, acho, o carvão vem da Silésia e cheira apenas a carvão. O carvão silesiano é neutro. Antigamente, talvez o carvão fosse de Cardiff. Talvez na Inglaterra ele ainda cheire à "Canção sem palavras".

A luz na parede se foi. Eu me viro para o outro lado. Perdido! Eu disse. Eles usam materiais novos. Durante a guerra, os materiais acabaram e foram substituídos por outros diferentes, mais baratos. Agora as pessoas usam esses. Isso é o progresso. Um mundo desapareceu e nunca, nunca mais voltará. De um ponto de vista econômico, não é importante que o ar de inverno tenha cheiro de "Sonate Pathétique". A grama seca é chamada de feno. Ela é ração de gado. Os palitos de fósforo nem têm mais fósforo.

Talvez algum dia eu vá a Paris e no depósito central da famosa fábrica de perfume pergunte a respeito do perdido e lindamente inspirador Astris. O velho vendedor vai folhear o catálogo. "Ah, senhor", ele dirá, "paramos de fabricá-lo há muito tempo. Um perfume antigo. Não há mais demanda." E, com o som dessas palavras, o aspecto daquele ser amado desaparecerá de vez, segurando o roupão no alto por cima do rosto radiante, vagueando pela maré rasa até a ilha. "Você está triste, senhor", o vendedor dirá. "Nós, perfumistas, temos uma profissão triste. Nós matamos o passado. Os perfumes passam, e seus mundos também... E nós criamos novos, de novo."

"Esta garrafa", e ele me mostrará uma garrafinha de cristal brilhante com um borrifador, "nossa mais recente criação, L'avenir — qual destino, você acha, pode repousar aqui? Somos um pouco como deuses, não somos? É, talvez não seja tão triste ser um perfumista no fim das contas."

E eu perguntarei a ele cautelosamente: "Você conhece o cheiro das escadas da adega? Ou talvez o cheiro de um fósforo se apagando? Do cordel de um chicote? De uma piscina? Por que, senhor, sempre o futuro? Por que tudo aos jovens? Por que a antecipação? Por que não a memória? Parfums retrospectives! Escalier de cave; Cordelette de fouet; Petit nageur; Allumette mourante... Eu imploro...".

Ele olha para mim. Seu rosto bondoso e barbudo se desfoca, e pego no sono.

Berliner Börsen Courier, 10 de agosto de 1927

A rosa de Jericó

Este milagre existe, pode-se dizer, desde os tempos "bíblicos". O profeta Jeremias menciona a rosa de Jericó em uma variedade de contextos. Na busca por novos produtos de exportação, o comércio palestino agora trouxe essa atração até nós também.

Por dois marcos, todos podem comprar essa planta misteriosa em floriculturas refinadas. Do tamanho aproximado de uma pera, amarelo sujo, as folhinhas secas amassadas, esse musgo franzino talvez nem devesse ser considerado uma "flor". Mas, como é frequente na vida, as aparências enganam. Em água *fervente*, essa Cinderela passa por uma metamorfose milagrosa. Com essa flor, um processo que do contrário seria letal se transforma em algo que dá vida e a monstruosidade botânica floresce, tomando a forma da rosa de Jericó.

Cheio de curiosidade científica, sacrifiquei dois marcos e comprei a planta. À tarde, visitei Steffie. Cheguei quando ela estava prestes a colocar a água fervente no café. "Pare", gritei, "veja isto: um milagre vai acontecer agora." Tirei a rosa de Jericó do bolso do casaco e a joguei dentro do bule de café. Steffie e eu observamos com atenção por um bom tempo. Quase uma hora. Então aquilo começou a acontecer lentamente. O amarelo sujo se transformou em verde-escuro, as folhinhas secas começaram a se separar. Foi com certeza bem agradável, mas seria necessário a autoridade de um profeta para fazer essa física de ensino médio ser vista como um "milagre".

No dia seguinte, levei minha rosa de volta à floricultura. "Senhorita", reclamei com a vendedora, "não gostei do seu milagre. Por favor, troque-o para mim." Já que não havia nenhum outro milagre à mão, aceitei ficar com um cacto. Um cacto sempre é útil. Por exemplo, minha tia Emma faz aniversário no trigésimo dia deste mês. Sete anos atrás, dei de presente para ela um lápis banhado a prata que encontrei no metrô. Desde então, a infeliz data não permitiu que eu comprasse mais presentes de aniversário. Este ano, irei encantá-la com a planta espinhosa. "Mas, meu garoto", ela dirá, "você tem dinheiro para um presente no trigésimo dia? As maravilhas nunca vão parar?" O que demonstra que a rosa de Jericó, pelo menos indiretamente, tem mesmo as qualidades atribuídas a ela.

Berliner Börsen Courier, 19 de agosto de 1927

Pequena lição econômica

Trinta e cinco anos atrás, ganhei uma máquina de vender chocolates de brinquedo. Você implorava desesperadamente para que seus parentes lhe dessem dinheiro, colocava-o na máquina, dava uma puxada — e bem na frente do comprador ou do vendedor aparecia uma barra de chocolate, com as bordas já cinzas, e ela era oferecida com alegria à sua tia. Quando a máquina estava vazia, podia ser aberta com uma chavezinha, e o dinheiro disponível era usado para comprar novos suprimentos, que em grande quantidade ficavam um pouco mais baratos do que comprando na máquina. Além de ter um brinquedo para brincar, você recebia uma bela lição sobre o funcionamento da cadeia de abastecimento. Você lucrava, reabastecia seu inventário e atuava como um empreendedor. "A personificação dos negócios", disfarçado de príncipe de conto de fadas, espiava o berçário por uma fresta na porta. Era ali que a aptidão para as vendas era formada desde cedo, a agressividade aperfeiçoada, o tino para os negócios despertado e colocado a serviço da saúde nacional.

A máquina de vender chocolates foi o modelo. É difícil entender por que demorou tanto para a semente plantada em mim em um passado distante florescer; essa ideia produtiva ficou madura recentemente, uma ideia que agora estou planejando implementar para ficar rico e poderoso. "Cada um é seu próprio intermediário" é o lema pelo qual pretendo viver agora e cujo significado e conteúdo transmito ao público.

Por exemplo: eu faço minha própria barba. Compro sabonete, pincel, lápis hemostático, loção pós-barba e pó de arroz. Afio as lâminas. Gasto tempo, esforço e dinheiro removendo minha barba cuidadosamente. Qual é o benefício disso? Para onde vão as receitas capitais e os rendimentos dos meus esforços diários? Será que já passou pela minha cabeça, com toda a minha desatenção, me remunerar apropriadamente pelo meu trabalho? Um desperdício criminoso de capital econômico! A partir de agora, isso será diferente. Vou me remunerar. Vou cobrar um pouco menos do que o barbeador para me barbear, porque quero competir com ele. *Mas vou pagar para mim mesmo.*

Eu me darei comida comprada a preços baixos e repassada para mim mesmo com um preço mais alto. O quão feliz vou ficar de embolsar o lucro que o restaurante recebe por algumas salsichas!

Para todas as necessidades da vida que eu mesmo satisfaço como empreendedor, acrescentarei uma sobretaxa de intermediário de 20% sobre o custo dos bens e serviços.

Meu chiclete virá de uma máquina colocada no meu corredor, e o lucro irá direto para mim.

Terei meus cigarros por não mais do que o valor cobrado por garçons.

Quando eu destrancar a porta da frente, me darei uma gorjeta.

Eu me cortejarei constantemente como um consumidor para o qual somente o melhor serve, e para o qual demonstrar minha total solicitude é um princípio comercial imutável.

No meu apartamento, pôsteres que empregam palavras luxuosas e revigorantes para promover a alta qualidade de itens cosméticos, a natureza benéfica de marcas renomadas de vinhos e licores e a eficácia de remédios testados e comprovados.
 Regularei a oferta e a demanda com cautela, aumentarei constantemente o consumo com métodos bem estudados e conduzirei uma publicidade efetiva.
 Em um púlpito há um livro-razão espesso e volumoso em que anoto minhas transações comerciais sob "débitos" e "créditos" com a meticulosidade de um sagaz empresário. Faço balanços todos os dias. Sei, a qualquer momento, quais são meus objetivos.
 Infelizmente, estou meio que em falta de capital de giro. Nos últimos dias, coletei informações sobre mim mesmo com Schimmelpfeng. Devo continuar me concedendo crédito? Como empresário, preciso exercitar a precaução.
 Receio que não esteja me saindo muito bem.
   Berliner Börsen Courier, 21 de agosto de 1927

Terror fílmico
SOBRE A AMEAÇA DE SER FOTOGRAFADO

Isto já acontece há meses, duas vezes por dia, ao meio-dia no caminho para o restaurante e, apenas uma hora depois, quando eu volto. Sempre no mesmo local inevitável, esta pessoa me assedia, me encurrala enquanto grita sua mensagem solene e ameaçadora: *Você acabou de ser filmado*. Das primeiras vezes, fiquei seriamente assustado e pensei mesmo que algum diretor, caçando personagens, havia me escolhido sem meu conhecimento para fazer o papel de um figurante. Agora que sei que essa bobagem não tem nada a ver com o mundo do cinema, só com um novo tipo de negócio que representa a "fotografia em ação", fiquei menos sensível. Mesmo assim, a formulação dessa frase, a insultante voz passiva "ser filmado", nunca deixa de me incomodar.

Me irrita que, sem nem obter meu consentimento, essa caixa amarela com fome de imagens possa se apropriar do meu rosto, mesmo que eu me esforce muito para evitar aparecer na frente de qualquer lente. Mas o que me enfurece ainda mais que essa intrusão é, na verdade, a idiotice cega do cinegrafista, esse patife patético que se esforçou centenas de vezes para capturar meu retrato, centenas de vezes mandou o distribuidor de panfletos atrás de mim em vão, e, ainda assim, não consegue perceber minha aversão ao filme, me infligindo duas vezes ao dia o dever desagradável de deixá-lo decepcionado. Já tentei diversas formas, deixando o chapéu na frente do rosto, olhando para o outro lado da rua, espantando-o com minhas mãos e braços, mas nada funciona — o cinegrafista interpretou tudo como uma nova e interessante variante dos seus estudos sobre a ação.

Recentemente, achei que poderia fugir do meu destino escolhendo uma rua lateral fora do alcance da câmera. Mas não levei em conta que o tripé era móvel — só bastou um pequeno giro para ele capturar minha escapada.

Depois de pensar bastante sobre o assunto, coloquei em prática um experimento que, espero, me livrará do terror fílmico de uma vez por todas. Sem má vontade, sem oferecer oposição como no passado, não, sorrindo alegremente, com uma postura ereta, olhos direto na câmera, um ar de quem gosta de ser fotografado, eu me permiti ser filmado e depois recebi de bom grado o anúncio da minha estreia no cinema. Peguei meu filme ontem. Minhas pernas pareciam tortas demais — provavelmente um problema com a lente —, mas, fora isso, era uma fotografia em movimento bem realista. Embaixo dela, escrevi com tinta vermelha: "Esta pessoa não deseja mais ser filmada" e a entreguei para o cinegrafista ao meio-dia. "Veja", expliquei a ele, "seria melhor você fixar esta foto diretamente na câmera. Se fizer isso, vai economizar um rolo de filme todos os dias e eu posso enfim ir ao restaurante em paz." Ele pareceu chocado demais com a oferta para me dar uma resposta na hora. Eu não tenho esperança de que ele respeitará meu desejo, mas com certeza lembrará do meu rosto. Que alguém não compre seu filme é algo compreensível, dado certos estados de inércia financeira. Mas a ideia de que alguém gaste um marco a fim de *não* ser filmado é, no fim das contas, um ataque mal disfarçado à sua *honra profissional*. Algo desse tipo não é esquecido. Espero que agora ele não tenha a ideia de lançar um novo negócio — a remoção fílmica.

Berliner Börsen Courier, 1º de setembro de 1927

Rendez-vous em Berlim

Rendez-vous *(do francês, pronuncia-se rãde vu, "apresentem-se"): uma reunião, em conjunto, em um local específico, e também o próprio local.*

Adão, por exemplo, gostava de se encontrar com Eva em uma certa macieira. Já Ramsés esperou pacientemente todas as noites no terceiro canto da décima segunda pirâmide por sua moça favorita. César, por outro lado, se encontrou com Vercingetórix na chuva sob a Ponte Rhine. Os excessos dos quais Casanova desfrutou não podem ser descritos dada a perspectiva espacial limitada; seus rendez-vous, diz a lenda, foram registrados em um calhamaço de couro saffiano da grossura da lista telefônica de Berlim.

Há diferenças entre rendez-vous relativos aos negócios, à amizade, ao amor e à família; logo, alguns rendez-vous deixam as pessoas animadas e outros as deixam miseráveis.

Rendez-vous em macieiras, pirâmides e sob a Ponte Rhine naturalmente saíram de moda. Hoje em dia, as pessoas preferem utilizar um café ou um restaurante para esse propósito. As pessoas se encontram ao ar livre, em pontos de encontro populares, embaixo de monumentos e relógios, na frente de teatros e cinemas.

Em Berlim, existem três principais escolhas: o Kranzlerecke, a famosa esquina na avenida Kurfürstendamm; a Berolina na Alexanderplatz; e o Normaluhr, o relógio gigante, na estação de trem do zoológico (essa lista não é exaustiva).

Em se tratando do Kranzlerecke, ele lembra vivamente um clássico ponto de encontro mundial, o Sirkecke em Viena. É o ponto de rendez-vous para a sociedade internacional, o local de reunião dos glamorosos que se sentem em casa nos hotéis da Unter den Linden. A madame usa uma pele de chinchila e não espera por muito tempo; seu pinscher olha em volta procurando *monsieur* e late. Bigodes carregam a fragrância das pomadas parisienses, todos os vincos das calças são absolutamente perfeitos, e os carros buzinando soam como um concerto para saxofone bem ensaiado. Os berlinenses também se encontram lá, é claro, mas raramente, quase sempre para ir ao teatro ou para passear pelo museu à tarde: centro de Berlim.

A Alexanderplatz é o ponto de rendez-vous para o fluxo de mulheres trabalhadoras — funcionárias públicas e vendedoras — que andam até a praça e se aglomeram em pontos de ônibus e no metrô. Ali, uma jovem espera. Com determinação. Ele tem que vir. Ela vai esperar mais três minutos, e se mesmo assim ele não chegar... Ele não chega. A garota decide contar até cem. Ela conta até novecentos. Nenhum sinal dele. A marca de quinze minutos já foi ultrapassada há muito tempo. Vou estrangulá-lo, ela diz para si mesma. Mas ele chega. E, de braços dados, eles flutuam para longe.

O ponto de rendez-vous mais popular no verão é o Normaluhr na estação de trem do zoológico. A porta de entrada para a natureza. Cheio de famílias nos domingos. Amigos e parentes. Motoristas de domingo. Jovens. Escoteiros. Caipiras com insígnias nas lapelas. Uma companhia para o Wannsee. Ou para o Kurfürstendamm Kino. Ou para o chá das cinco. Para o parque de diversões. Ou para o zoológico. Todos olham para o relógio. Às vezes ele anda muito rápido, às vezes muito devagar. Mas também existem rendez-vous que *não* são registrados.

Por que, me ocorreu, escolhi o banco Tiergarten como ponto de encontro neste dia frio em que esperei por ela em vão? E não choveu granizo nem uma chuva normal.

Berliner Börsen Courier, 13 de novembro de 1927

Voo noturno sobre Berlim

COMO AS OPERAÇÕES DE VOOS NOTURNOS NA ALEMANHA SÃO ORGANIZADAS

"Mas agora eu me pergunto", disse a vizinha à minha esquerda enquanto pressionava o nariz contra a janela gelada da cabine do avião e olhava para baixo à medida que passávamos por Schöneberg, "se meu marido já chegou em casa." Quinze minutos antes ela ainda era uma pilha de nervos, congelando, os dentes batendo. Fingiu ter coragem e tentou enganar a todos nós, enquanto olhava para o estrondoso avião de três motores, então reaplicou o batom, o que deixou os lábios dela tão vermelho-semáforo quanto os tubos de neon que limitavam o aeroporto de Tempelhof.

Bem, enquanto sobrevoamos Berlim à noite, uma curva após a outra, com uma altitude de 2 mil pés, todos os nove passageiros acreditamos na sua compostura, até pela sincera consideração que ela demonstrou pelo marido em Schöneberg, que foi exibida de maneira clara como o dia, ou, melhor dizendo, clara como a noite.

Enfim, como de fato nos sentíamos? Calmos até a alma. E o que estava abaixo de nós? O mar de luzes de Berlim. Como os motores estavam funcionando? Como instrumentos de precisão. O que ficou para trás? As preocupações de uma geração incrédula. E, à nossa frente, a qualquer momento agora, um *Bal paré* na gigantesca aeronave, seguido por um torneio de sinuca. O progresso é rápido assim mesmo. Porque, hoje em dia, até a noite é hora de tráfego.

Em 1924, quando ficamos sabendo que a aviação americana havia instituído um serviço regular noturno e diurno entre Nova York e São Francisco, balançamos a cabeça sem acreditar. Ainda precisávamos ser convencidos da segurança de um voo diurno, mas os futuristas técnicos já estavam planejando fazer de tudo para não desperdiçar a noite, a perigosa noite terrivelmente escura: voar independente do tempo, sem considerar se a terra podia ser vista lá embaixo.

As pessoas não viajam de avião à noite por esporte; o ímpeto da viagem noturna nasce da necessidade de viajar grandes distâncias. As estações, o inverno, até o outono e a primavera também tornam necessário voar depois que escurece. Não desejamos mais sacrificar um dia para viajar; faz parte do trabalho.

A Alemanha esteve na frente de todos os outros países europeus no quesito viagens noturnas. Em 1924, a rota Berlim-Warnemünde-Estocolmo foi usada para o correio noturno, seguida pela Berlim-Copenhague e pela Berlim-Hamburgo. O ano de 1926 viu os primeiros voos de passageiro noturnos, na rota Berlim-Königsberg, como uma escala na rota Londres-Moscou. Nos últimos anos, os aeroportos, as rotas e os próprios aviões foram adaptados para acomodar o trabalho noturno. Sinais de luz foram introduzidos, indicadores da direção do vento foram adicionados e áreas de aterrissagem foram cercadas de refletores que iluminam grandes áreas de verde, vermelho e branco. Eles até compensaram a visibilidade reduzida, em comparação às viagens diurnas, construindo uma fileira de luzes com um holofote rotativo de alta-voltagem a cada 28 quilômetros e com proeminentes lâmpadas de neon a cada cinco quilômetros. Essas torres de luz funcionam noite após noite, todas indicando áreas de pouso de emergência. Mas isso não é algo a considerar de cara; um sistema de sinais cuidadosamente planejado, o uso de radiotelegrafia, luzes de pouso e iluminação de magnésio nas asas dos aviões garantem o mesmo nível de segurança que há durante o dia. Os pilotos são veteranos experientes e é uma distinção especial servir como piloto noturno.

O diretor Milch, que forneceu essas explicações ontem durante uma visita oficial à iluminação noturna da base aérea de Tempelhof, concluiu que a implementação abrangente de uma aviação noturna e diurna em todas as rotas era uma das tarefas mais importantes da aviação internacional. No futuro próximo, todas as rotas funcionarão independentemente da hora do dia e das condições climáticas.

A rota Berlim-Hanover já foi concluída, assim como a que liga Berlim e Königsberg. Berlim-Colônia, Berlim-Halle-Munique e Berlim-Breslau estão sendo construídas e, na primavera, novos aviões Junkers possibilitarão que a Lufthansa ofereça todas as rotas alemãs à noite também.

O avião deslizou sobre Berlim como um morcego gigante, dando às pessoas uma clara visão das ruas e das praças da cidade enquanto elas ficavam maravilhadas com sua capacidade de observar a enorme distância da torre de rádio à usina termoelétrica de Rummelsburg de uma só vez. Mal havíamos passado por Kurfürstendamm quando, depois de apenas uma curva, o avião já estava taxiando no gramado de Tempelhof.

Segundos antes, milhões de luzes brilhavam lá embaixo, mas agora não havia nada além da noite ao nosso redor, e o prédio do aeroporto, que de cima parecia um fósforo, agora se elevava como um arranha-céu.

Berliner Börsen Courier, 6 de dezembro de 1927

O negócio da sede
O QUE AS PESSOAS BEBEM HOJE EM DIA

O ditado que diz que o amor e a fome fazem o mundo girar é literalmente equivocado. Os fatores elementares devem ser nomeados, mas a sede é ainda mais elementar, poderosa e imediata do que a fome. Existem pessoas que podem ficar de duas a seis semanas sem comer, mas ninguém consegue ficar mais de quarenta e oito horas sem beber.

A fome é uma sensação furiosa e quente de primeira, depois uma fraqueza. A avidez para satisfazer a fome se acalma, e dizemos que essa pessoa está com fome demais para comer. A sede vai abrindo um buraco cada vez mais fundo no corpo em expectativa, que aguarda o momento em que uma superabundância do líquido tão desejado vai fluir na direção da sua secura.

Berlim sonha em satisfazer sua sede há dias. De forma direta, com água, refrigerante, cerveja e sorvete; e, indireta (a sede da pele), com banhos, montanhas nevadas e vento nos veleiros.

O calor deixa manifesto o mistério mais vital do corpo: nós queimamos umidade. O sol, que nos dá a vida, aumenta sua intensidade: a vida, conhecida nesta forma como suor, desabrocha. Nós o dispensamos para a atmosfera, precisamos decompor. De acordo com Joseph Löbl, a transpiração chega a três quartos de litro por dia até mesmo em temperaturas moderadas. Outros números citados por ele: um passeio por uma planície no sul da Califórnia a 24 graus produziu dez litros de perda de suor; um jogo de futebol intenso, seis litros em setenta minutos; uma maratona, quatro litros em três horas.

Em teoria, os berlinenses agora podem perder vários quilos de graça! Mas eles bebem o máximo que seus corpos conseguem aguentar. Cerveja, com seu valor térmico, é a pior de todas. O aumento no consumo é pequeno, já que todos sabem que o calor aumenta o efeito debilitante da cerveja. Vamos nos recordar daquela tentativa de escalar o Bilkegrat. Escalaram de 1524 metros a 2438 metros, duas vezes sob as mesmas condições, mas uma delas depois de consumir 29 mililitros de álcool. Resultado: demoraram 0,2 vez mais tempo e gastaram 0,14 vez mais energia. Logo que esse achado foi comunicado em termos populares, o resultado foi uma redução no consumo de cerveja na Alemanha, que estava em três litros per capita por semana para cada pessoa com mais de quinze anos em 1913; em 1927, a quantidade havia diminuído para dois litros.

Os grandes restaurantes estão até relatando um declínio no consumo de cerveja hoje em dia causado por um aumento na água com gás e em outras bebidas gaseificadas. É claro que a venda de leite não rende muito. Mas, nos bares, todos os coquetéis feitos com chá estão vendendo mais que nunca.

Os que mais lucram com o calor são as pequenas e improvisadas barraquinhas de bebidas e as lojas em estações de trem. As pessoas matam a sede quanto podem; elas não planejam isso como fazem com as refeições. Lojas e carrinhos de sorvete estão com uma relativa alta nas vendas. Nos domingos, grandes lanchonetes voltadas para turistas venderam entre 4 mil e 5 mil porções de sorvete, e os carrinhos aumentaram em até cinco vezes o volume de vendas; eles precisam reabastecer o estoque de forma constante. E todos os vagões-restaurantes com certeza relatarão ao chegarem a seus destinos: "Não há mais bebidas".

Mas, algum dia, o impensável acontecerá novamente: as pessoas andarão pelas ruas tremendo, uma brisa de inverno balançará para a frente e para trás uma placa esquecida de "Café Gelado" na porta de uma cafeteria, e elas enfiarão as mãos ainda mais fundo nos bolsos só de olhar para essa placa.

BZ [*Berliner Zeitung*], 18 de julho de 1928

Aqui estamos no Film Studio 1929

Como é de conhecimento de todos, o empresário do teatro dr. Moriz Seeler montou um estúdio cinematográfico. No início, houve um entusiasmo generalizado, mas depois veio a desaprovação do outro lado. Na Friedrichstrasse, lar dos bancos e dos banqueiros, eles estavam morrendo de rir e colocando os dedos nas artérias carótidas enquanto declaravam: "Se encontrarmos um patrocinador para o projeto deles, enfiaremos um guarda-chuva bem aqui!". Bem, nós começamos, recebemos o dinheiro com alegria e estamos filmando nossa loucura há dez dias.

Chegamos ao trabalho em um ritmo alucinado. Com um carrinho bambo emprestado de uma padaria na Nikolassee, arrastamos o equipamento pela areia da praia. Passamos catorze horas com a câmera e enfrentamos tudo com tranquilidade. Nós mesmos seguramos os refletores, ajoelhamos no lago o dia inteiro e, quando estamos prestes a ter uma insolação, apenas enfiamos a cabeça na água. Não acredito que as expedições de Chang ou Pamir exigiram mais força de vontade e mais privações. Meu Deus, nossos recursos são tão primitivos. A alguns quilômetros de distância, nas instalações do Neubabelsberg, eles podem estar, neste exato momento, desmontando os monumentais cenários das "deliciosas mentiras" de Nina Petrovna [isto é, *Die wunderbare Lüge der Nina Petrovna* (*As deliciosas mentiras de Niva Petrovna*, 1929)], enquanto estamos ocupados filmando algumas verdades que consideramos importantes por uma quantia risível de dinheiro.

*

Na busca pelo título, passamos um longo tempo ponderando entre *Verão de 1929* e *Jovens como nós*. Para resolver esse dilema, optamos por *É exatamente assim que as coisas são*, porque o título claramente estabelece que estamos visando a algo menos forjado e menos ocupado, com menos drama e menos papel! A base do roteiro é uma reportagem. Durante um sábado e um domingo, seguimos cinco jovens aleatoriamente selecionados e demos uma olhada em como eles aproveitavam o fim de semana. O resultado foi este filme. Uma história muito, muito simples, quieta, porém, cheia das melodias que nossos ouvidos captam todos os dias. Nenhuma proeza, nenhuma piada espertinha, correndo o risco de não termos nem mesmo "nenhuma noção das leis do drama". As cinco pessoas nesse filme são você e eu. Que Deus nos puna, mas nosso garçom é um garoto que vive em Neukölln e aposta seus 10% em cartas; ele não é como aquele ex-tenente czarista, de nome Smirnoff, que foi empobrecido pelo curso dos eventos e também salvou a vida de Anastácia. Que Deus nos puna, mas nossa heroína datilografa em uma máquina de escrever e não tem um divã cor-de-rosa no qual ela pode aliciar os planos da fortificação de Przemisl dos generais, sendo a ilusoriamente mascarada espiã que ela é. Ah, sim, nos falta uma boa história, um conflito tangível, e Deus sabe mais o quê. Vamos torcer. Nós tomamos uma rota estreita e totalmente inutilizada, terrivelmente isolada, para contornar todos os outros caminhos que já haviam sido percorridos vezes demais; a placa indicando a direção dizia "VIDA".

Rochus Gliese, que trabalhou com Friedrich Wilhelm Murnau por muitos anos, dirigiu o filme. Moriz Seeler, o eterno curioso e experimentador, juntou todas as peças. Robert Siodmak e Edgar Ulmer, dois novos nomes em Berlim, supervisionaram a filmagem com Schüfftan, o cinegrafista; graças a Deus eles não vêm nem da indústria nem da literatura. Os cinco atores também não são atores. Para este documentário, juntamos pessoas da mesma classe, da mesma profissão. Na verdade, um ator faz o papel dele mesmo. Faz o papel? Você deveria ter visto como os cinco jovens se movem, como olham para as lentes, como assoam o nariz e como riem: não os trocaríamos pelo elenco dos sonhos...

Mais quatro semanas. Sem um estúdio ou os fundos disponíveis para grandes estúdios, mas com uma ideia que achamos que vale a pena. No fim do filme, temos uma breve cena que pode deixar tudo mais claro: nossos amigos estão na frente de um cinema nos subúrbios depois das sessões de sábado e domingo por mero acaso e sem ter visto os filmes. Atrás deles, um pôster grita: *A magia do fim de semana.* E esse é o afastamento que queremos mostrar, entre o filme de fim de semana lá dentro e o domingo que nossas cinco pessoas realmente viveram.

Bem, vamos cruzar os dedos. Pelo bem de algo bom.

Tempo, 23 de julho de 1929

12. Bilhete para a estreia mundial de *Gente no domingo*, em 4 de fevereiro de 1930.

Como gravamos nosso filme

Billie Wilder escreveu o roteiro de um filme, Gente no domingo, *que está sendo exibido no Cinema UFA na Kurfürstendamm. Aqui ele descreve como o filme foi feito — sem dinheiro, sem um estúdio, sem "especialistas", sem nenhuma organização oficial. E como o filme foi um sucesso mesmo assim.*

Estamos sentados aqui, nos beliscando. Oito vezes sete é cinquenta e seis. Copenhague é a capital da Dinamarca. Não, não estamos dormindo. Então é verdade. As pessoas nos dizem: sucesso. As pessoas nos dizem até mesmo: grande sucesso. Estamos muito felizes.

Trabalhamos no nosso filme por nove meses. Foi uma época difícil. Foi uma época maravilhosa.

"Vai funcionar!"

Um cara baixinho pula como um homem possuído e bate no tampo de mármore. Seus óculos e o copo de refrigerante tremem. Moriz Seeler.

Somos cinco.

Um sr. Eugen Schüfftan, inventor de um truque cinematográfico mundialmente famoso que ainda não entendi, encara-o boquiaberto: "Sem dinheiro?".

"Sem dinheiro!"

O terceiro homem, Robert Siodmak, de Dresden (primeiro os jornais, depois o teatro, depois a distribuição de filmes), não consegue conter a risada: "Sem um estúdio?".

"Sem um estúdio!"

"Assim mesmo?" Quem faz essa pergunta é Edgar Ulmer, 23 anos, emigrado de Hollywood há seis meses. Trabalhou como cenógrafo no *Aurora* de Murnau.

"Assim mesmo!"

Eu, Billie Wilder, sou o quinto. "Então estamos prontos para começar?".

"Sim, estamos! Prontos para começar. Assim mesmo. Sem estúdio. Sem dinheiro."

E é assim que o filme começa. Na mesa de uma cafeteria. Em junho de 1929.

Uma câmera nós temos. E só isso por enquanto.

O que queremos filmar com ela? Centenas de ideias, centenas de sugestões. Chegamos às primeiras cenas de comédia. Sentimos que entendemos uns aos outros. E, de repente, a coisa está bem na nossa frente: tem que ser um documentário bem simples. Um filme sobre Berlim, sobre suas pessoas, sobre as coisas cotidianas que conhecemos tão bem. Nossos pensamentos primeiro se voltam para jovens atores. Mas as pessoas precisam ser autênticas. Olhamos em volta. Na frente de um bar na Kurfürstendamm, Seeler encontra um chofer, táxi IA 10 068, Erwin Splettstösser. Ele concorda de imediato. Mas Fräulein Borchet acha que temos algo bem diferente em mente. Ela vende discos de gramofone. Dá muito trabalho convencê-la. A família dela acha que somos traficantes de mulheres. No final, porém, ela concorda em fazer uma audição na Thielplatz. Christl Ehlers também embarca; ela já tem experiência, já trabalhou como figurante com E. A. Dupont e nos jura que é amiga do gerente de gravação da Lapa Pick. Esbarramos com um tal de Von Waltershausen; ele é exatamente o que precisamos.

    Enquanto isso, o roteiro é esboçado. Sete páginas datilografadas. Descobrimos o truque: concentrar Berlim em um domingo.

    Mas dinheiro, dinheiro! Não temos nenhuma película.

    Depois de algumas semanas, conseguimos falar com um banqueiro da Friedrichstrasse. Nós o enganamos com números. Três por cento da motivação dele era sua crença em nossas habilidades; 97% veio do interesse em colocar as mãos num filme inacreditavelmente barato. Nós definimos uma estimativa de custo baixíssima. Contamos para ele sobre valsas e um motorista que está louco para se demitir. No fim, fechamos o acordo; o contrato está assinado. Os primeiros novecentos metros de filme são entregues a nós. As coisas começam.

E, nossa, começam mesmo! As cinco pessoas que escolhemos tiram férias. Elas ganham uma quantia fixa da gente, dez marcos por dia, e os compensamos pela perda de salário. Meses, meses. Na água, na cidade. Todo dia alguém desiste, não aguenta. Os insultos se tornam entusiasmo quando vemos as cenas na exibição.

Ficamos no estúdio por apenas um dia.

O clima dificulta as coisas. Passamos semanas esperando por um dia bonito. Estamos deprimidos. Será que algo vai sair disso? Os "atores" ficam impacientes. O banqueiro fica impaciente e acha que jogou dinheiro no lixo.

De um jeito ou de outro, conseguimos terminar.

Ainda é difícil de acreditar. Na Friedrichstrasse, eles ouviram algo a nosso respeito e agora riem de nós. Nos sentamos ali em silêncio e fazemos os cortes. Usamos 9 mil metros de filme. Só Deus sabe de onde veio o dinheiro.

No dia 11 de dezembro, o filme está pronto. Nós o exibimos para os homens de uma das maiores empresas de cinema. Não somos levados a sério. O chefe da empresa nos diz que, depois de trinta anos no ramo, ele está disposto a se demitir se esse filme conseguir chegar às telas, quanto mais fazer sucesso. O "assessor de imprensa" acha que falta "profundidade psicológica". Recebemos a mesma reação de outras três empresas.

13. Pôster de *Menschen am Sonntag* [*Gente no domingo*].

Um novo patrocinador apareceu. Ele talvez queira financiar uma sessão noturna. Exibimos o filme no UFA. Brodnitz, o diretor da divisão de teatro, o vê. E o compra — para a programação noturna regular do U. T. Kurfürstendamm.

Estamos pasmos. A estreia chegou.

Quando agradecemos ao público às 21h, não sabemos o que está acontecendo. Estão nos levando a sério ou estão rindo de nós? De qualquer maneira, entre as 21h e as 21h13, com o coração acelerado, pensamos em um tema para um novo filme.

Der Montag Morgen, 10 de fevereiro de 1930

Levando livros aos leitores

Um conhecido recentemente se matou com um tiro. Ele era vendedor de livros itinerante. Sua coleção, que ele carregava em uma malinha de papelão, consistia em "três debartabentos", que era como ele, condenado a passar a vida toda fungando, pronunciava para seus clientes com o nariz entupido. Os três departamentos eram: à esquerda, "robances policiais", no meio, "polídica", e, à direita, "clãssicos". Exceto por um volume surrado de Peter Altenberg, com as páginas 8 a 26 faltando, que ele nunca conseguiu vender, sua coleção mudava toda semana. O negócio ia bem. De repente, ficamos sabendo que ele se matou — e que fez isso por desespero.

Não consigo acreditar. Nos últimos dias, passei um bom tempo em livrarias porque estava interessado em observar pessoas comprando e vendendo livros, mas acima de tudo para descobrir se *algum* livro está sendo comprado. Observei tudo com cuidado e conversei com o cavalheiro que trabalha lá. Os negócios estão bons. É claro, as vendas caíram um pouco desde o Natal. O importante, no entanto, é isto: em Berlim e, generalizando, na Alemanha, muitos livros estão sendo comprados neste momento. Há uma boa razão para estarmos satisfeitos.

Então, se meu conhecido se matou, é pouco provável que a causa seja o fato de que ninguém compra livros. Tenho quase certeza de que ele não se matou por fome. Mas sim... todos nós o avisamos sobre Amélie; não podem nos responsabilizar.

*

Certa tarde, em uma daquelas livrarias esplêndidas na parte ocidental de Berlim, que cheiram melhor que a Coty e a Chanel e contam com uma charmosa desarmonia de capas coloridas quase tão agradáveis ao olhar quanto mulheres com maquiagens engenhosamente aplicadas, havia uma moça interessada em literatura americana. Ela tem um irmão mais novo no Kansas, um pastor, e quer ir visitá-lo. O vendedor precisa escutar isso, precisa emprestar os ouvidos a detalhadas histórias familiares antes de finalmente tentar vender uma edição de capa mole de *Paradies Amerika* [*Paraíso América*], de Erwin Kisch. Jovens casados decidem por um livro de Siegfried von Vegesack, *Liebe am laufenden Band* [*Ame sem parar*]. Os dois volumes de *Ein Kampf um Rom* [*A batalha por Roma*], do renomado Felix Dahn, estão sendo espanados; um papai os pega. Um esperançoso garotinho provavelmente celebrará seu décimo segundo aniversário amanhã. Um homem que não parece nem um pouco profissional ainda insiste no novo *Propyläen Weltgeschichte* [*História mundial Propyläen*], que carrega o cheiro fresco da impressão de alta qualidade.

Começo uma conversa com um senhor que vende livros aqui. O que sai bastante, o que não sai? O que coleta mofo nas estantes e o que é arrancado das suas mãos como bolinhos saindo do forno? Como você dá conselhos a um cliente, como você faz para o cliente comprar um segundo e um terceiro livro? E por aí vai.

*

Os consumidores de hoje, especialmente os mais refinados, têm um nariz apurado para bons livros, diz o cavalheiro atrás do caixa. Os clientes se interessam pelas editoras, o que faz com que pensem que o livro deve ser de alta qualidade, sim, S. Fischer, isso não vai ser um lixo! Eles buscam conselhos nas críticas dos jornais. De vez em quando, também levam a sério o aval de figuras contemporâneas importantes nas orelhas dos livros, se esses avais não tiverem um cheiro muito forte de publicidade. Pararam de ignorar os expositores e não têm nada contra receber catálogos de novas publicações em casa.

O preço do livro não é nem de longe o mais importante. Na França, as pessoas se desesperam por livros baratos mesmo que eles tenham sido impressos em um papel tão grosso e duro que seria possível usar uma página para matar alguém. Mesmo que tenham sido impressos em papel higiênico. Elas não se importam. Desde que seja barato, barato, barato. Os alemães compram livros com a mesma seriedade usada para comprar uma camisa, por exemplo. A durabilidade é essencial. Eles não têm intenção de esquecer o livro no trem ou de jogá-lo na esquina como um jornal de ontem. Ele precisa ter um "valor duradouro". Uma peça de mobília. E uma peça magnífica. Na Alemanha, eles fazem livros muito mais refinados do que, digamos, camisas. É só comparar a vitrine de uma livraria com a de uma loja que vende lãs.

As memórias de Trótski, *Fouché* de Stefan Zweig e *Alexanderplatz* de Alfred Döblin são os livros de hoje.

Durante minha meia hora de observações, três cópias de Trótski são vendidas, uma de *Fouché* e quatro do *Alexanderplatz* de Döblin. O correio da tarde, que acabou de chegar, traz cartas com mais dois pedidos para o livro de Berlim de Döblin, um de Munique e outro de Riga. Memórias e biografias são populares. *Stresemann* de Rudolf Olden, *Future of the Empire* [*O futuro do Império*] de Hans von Seeckt e *Jesuiten* [*Jesuítas*] de René Fülöp-Miller vendem esplendidamente. Logo atrás de Döblin na categoria romance está o novo de Leonhard Frank, *Bruder und Schwester* [*Irmão e irmã*]. *O mon Goye!* de Sarah Levy também está em alta demanda, em grande parte por causa do título atrevido, com certeza.

Nos documentos históricos, *Des Kaiser Kulis* [*O Coolie do Imperador*] de Theodor Plievier e *Sperrfeuer um Deutschland* [*Barragem ao redor da Alemanha*] de Werner Beumelburg começaram bem. O último de Jack London, *O vale da Lua*, não tem do que reclamar, e *Spionage* [*Espionagem*] de Hans Rudolf Berndorff está perto de 40 mil cópias vendidas.

Há uma leve estagnação nas histórias policiais. O sucesso das extravagantes produções em massa se tornou bem incerto.

Em contraste, livros ilustrados com temática animal estão vendendo maravilhosamente desde o *Tiere sehen dich an* [*Animais olham para você*] de Paul Eipper. Bengt Berg, por exemplo. E belos guias turísticos. Günther Plüschow. Wilhelm Filchner.

Essa, em resumo, é a situação que pode ser levantada passando uma tarde em uma livraria de Berlim.

Mas, no que diz respeito a "laçar" clientes com um livro, os cavalheiros aqui não farão isso. Não forçamos nada aos clientes. Nós, não. Apenas damos conselhos. Apresentamos livros que podem interessá-los, com timidez. Deixamos os clientes folhearem os livros o quanto quiserem. Não esquecemos de recomendar Ludwig Renn a um cliente que comprou Erich Maria Remarque e Georg Glaser. Mas não há nada disso de "laçar". Se a loja parecer interessante, levarão algo com eles, mesmo que seja só um livrinho de capa mole. Os métodos desses cavalheiros são realmente louváveis.

No Texas, digamos, deve haver livrarias que não operam de maneira tão pacífica. Assim que um cliente entra na loja, a porta é trancada por dentro, o vendedor coloca a chave no bolso com um sorriso e a compra começa. O pobre homem que entrou na loja para comprar uma agenda e foi descuidado o suficiente para deixar a metralhadora em casa tem poucas chances de voltar vivo às ruas sem ter comprado cinquenta livros que não o interessam nem um pouco.

Tente imaginar isso do nosso lado. Não poder sair de uma livraria até comprar alguns livros de Rudolph Stratz e o conjunto completo de Rudolf Herzog. Obrigado.

Der Querschnitt, segunda edição, março de 1930

Como achaquei Zaharoff

Na verdade, eu queria ir para Heligoland, queria sentar na praia e brincar com as conchinhas. Acabei em Monte Carlo, sentei no cassino e brinquei de roleta. Eu tinha um desejo ardente de quebrar a banca de Monte Carlo com meu sistema totalmente infalível.

Bem — foi um fracasso.

Depois de dez dias, fiquei sem um tostão. Mas o pior foi que, quando quis ir para cama certa noite, Hotel Savoy, quarto 37, nem me deixaram entrar no prédio. No Riviera, eles têm uma visão de raio x incrivelmente confiável que permite ver o interior das carteiras dos apostadores azarados. Seguram a conta por três dias, depois dizem com pressa algumas charmosas cortesias aos hóspedes e, sem cerimônia, os chutam para o olho da rua.

Então, naquela noite, eu fiquei ali, com sono e com frio, meus últimos dez francos na calça do meu smoking.

Sentei em um banco do calçadão, contando todas as palmeiras; eram 127, eu sei o número exato. Depois cuspi no Mediterrâneo outras três vezes, o que elevou o número para 130. Por fim, rezei baixinho ao querido Senhor para que ele nunca, nunca mais fizesse o sol nascer. Afinal, meu smoking ainda fazia algum sentido à noite. Mas andar por aí de smoking durante o dia — isso não se faz. Distraído como estava, cheguei ao Monaco, o chamado "monte do suicídio", onde tantos apostadores esperançosos colocaram um fim na bagunça de suas vidas dando um passo na direção do abismo. No caminho até lá, me lembrei que conhecia um jazzista no Café de Paris. Quis pedir dinheiro para ele. Mas ele não podia me ajudar. Me emprestou um estojo de violino vazio, o que já foi uma grande ajuda. De repente, meu smoking ganhou uma razão de ser. Pelos próximos dois dias, corri para cima e para baixo como um virtuoso violinista desempregado entre Monte Carlo e Nice, com um estojo de violino vazio debaixo do braço e um estômago idem.

Perambulei por ali nesse estado por dois dias. Limpei a camisa do smoking com uma borracha. Eu já via buracos aparecendo na sola fina dos meus sapatos de couro envernizado. Nem conseguia pensar no que fazer; meu estômago vazio me incapacitava totalmente.

Foi horrível. Eu estava parado na estação de trem em Monte Carlo com o estojo de violino, esperando o trem expresso de

Marselha por nenhuma razão. Talvez inconscientemente eu quisesse me jogar na frente da locomotiva. Folheei um livro alemão que estava em um expositor de vendas na banca de jornal. O título era *Como ficar rico e poderoso*. De repente, descobri nele a foto de um senhor com um cavanhaque branco, um sobretudo cinza de gola alta e uma espécie de chapéu de safári na cabeça. Abaixo da foto, lia-se: *Sir Basil Zaharoff*. O que fez meus joelhos tremerem era o fato irrefutável de que eu conhecia esse homem de vista. Então esse homem, que eu via diariamente nas minhas marchas de fome, esse homem, que considerei como outro sofredor, era o homem mais rico da Europa e o principal acionista daquele cassino ali: então esse homem pode estar vivendo dos meus 20 mil francos no momento, que eu coloquei no par e não no ímpar.

Quando o trem expresso para Marselha chegou, eu já tinha certeza de que iria pedir dinheiro a ele. Eu teria que ser malandro, preferencialmente pedindo uma quantia de quatro dígitos para não morrer de fome. Jurei para mim mesmo.

Eu sabia que, todas as manhãs, entre as 8h30 e as 9h30, Sir Basil Zaharoff dava um passeio perto do cassino. Ele caminhava de um jeito meio vacilante, se apoiando em uma bengala, e depois de dez passos se sentava em um banco para recuperar o fôlego.

Eu estava com os nervos à flor da pele quando me esgueirei ao lado dele na manhã seguinte. A sola direita do meu sapato de couro envernizado não existia mais, eu já estava andando de meia. Meu braço estava tão fraco que o estojo de violino vazio parecia um caminhão. Comecei a respirar cada vez mais rápido, meus lábios pálidos tremiam. Eu o avistei caminhando bem devagar, tremendo, na direção do banco onde eu estava sentado. O sobretudo cinza se movia suavemente, o chapéu cinza, que ele usava como um chapéu de safári, cobria tanto o rosto dele que só o cavanhaque branco ficava para fora. Meu Deus, o homem mais rico da Europa. Precisei me segurar no banco ou teria caído em cima do estojo de tão agitado.

Palavra de honra, estávamos sentados um do lado do outro: Sir Basil Zaharoff, o bilionário, e eu, o indigente sem um centavo no meu nome. Contei até vinte e cinco, reuni toda minha coragem e declarei de maneira heroica: "*Bonjour*, Monsieur Zaharoff!". Ele olhou para mim, primeiro com cara de poucos amigos, mas depois com um aceno. Passei um minuto ouvindo meu coração bater cada vez mais alto. De repente, Zaharoff bateu no estojo do violino com a bengala e se lançou em uma conversa sobre gênios do violino: Fritz Kreisler, Bronislaw Huberman e Jan Kubelik. Minha cabeça estava a mil e procurei um jeito de mudar de assunto. Não encontrei nenhum, ainda mais depois que Zaharoff disse, com algum prazer, que achava esplêndido eu ter escolhido o violino em vez da roleta. Aí ele levantou de novo e se balançou até o banco do lado. Enraizado no meu lugar, olhei para ele, incapaz de segui-lo, e caí de joelhos na sua frente declarando: "Monsieur, estou faminto!".

Naquela tarde, com a ajuda do meu estojo de violino vazio, fui contratado como violinista de jazz em Veneza. Quando ficou evidente que eu não tinha um violino nem ao menos sabia ler nem uma mísera nota, eu realmente *havia* sido ajudado por um amigo.

Der Querschnitt, terceira edição, março de 1933

II. PERFIS DE GENTE ORDINÁRIA E EXTRAORDINÁRIA

No início da sua carreira como jornalista, Wilder demonstrou um talento notável para capturar a personalidade de figuras culturais, artísticas e políticas do seu meio. Quando ainda morava em Viena, escreveu perfis evocativos da atriz dinamarquesa Asta Nielsen, cujas interpretações nos palcos e nas telas austríacas estavam entre as mais celebradas da época, e das imensamente populares Tiller Girls, a trupe de dança britânica que apareceu na estação Westbahnhof de Viena na primavera de 1926. Ele também escreveu sobre o jazzista austríaco Toni Girardi e a ocasião monumental em que o líder de banda americana Paul Whiteman agraciou Viena com sua presença; seu perfil de Whiteman, que destacou o famoso bigode do jazzista americano e depois mergulhou sob ele para despir todo o homem, fez com que cobrisse também o show de Berlim, dedicando ainda mais atenção à imensa persona de Whiteman.

Os perfis de Wilder também incluem duas matérias separadas sobre o príncipe de Gales, uma figura cujos impressionantes hábitos indumentários e atitudes de playboy exerciam um certo fascínio sobre o jovem Billie (que, muito tempo depois, colocou uma breve referência a ele no diálogo de *A primeira página* [1974], um dos seus últimos filmes), assim como uma entrevista com o milionário americano Cornelius Vanderbilt IV. Outros perfis incluem um relato sobre a visita a Berlim feita pelo escritor francês Claude Anet (nascido Jean Schopfer), cujo romance *Ariane, jeune fille russe* [*Ariane, garota russa*], de 1920, serviria como material de base para um roteiro que Wilder coescreveu com I. A. L. Diamond, *Amor na tarde* (1957); um tributo aos sessenta anos do alemão Felix Holländer, escritor, crítico e colaborador frequente do empresário do teatro Max Reinhardt; e uma homenagem ao seu ex-mentor Klabund (Alfred Henschke) um ano após seu falecimento. O amor precoce de Wilder pelo cinema e pelos personagens que habitam esse mundo fica vívido nos seus perfis de Erich von Stroheim ("O homem que amamos odiar") e do ator americano Adolphe Menjou, de turnê em Berlim. Intercaladas entre os perfis mais famosos, estão crônicas de vidas cotidianas, como um relato sobre a mulher mais velha de Berlim, sobre um palhaço de circo suíço, uma vendedora de jornais BZ e um jogador de pôquer com um talento fora do comum chamado Fritz Herrmann. O trabalho de Wilder no roteiro de *Gente no domingo* teve a mesma abordagem direta e franca na hora de representar pessoas comuns com toda a sua beleza, dignidade e sinceridade.

A missão teatral de Asta Nielsen
UMA ENTREVISTA

O Teatro Raimund está repleto de luzes. As lâmpadas em arco estão refletidas no asfalto molhado, uma longa fila de carros na frente da entrada principal; o show acabará em breve. Preciso me apressar para que o plano dê certo. Entro pela porta estreita do palco. O porteiro na recepção está folheando um jornal. Tento passar de fininho, mas ele já me viu. "O que o cavalheiro deseja? Esta entrada é apenas para funcionários!" Eu me apresento e mostro minhas credenciais para inspeção. Negociamos por um total de quinze minutos. Depois ele me leva por um corredor mal iluminado até uma porta. "Então, este é o camarim da Frau Nielsen. Você precisa esperar. O show acabará em dez minutos." O porteiro se esquiva de volta à recepção; eu espero e espero.

De repente, me dou conta: que tal fazer amizade com a garota da chapelaria nesse intervalo? Já entrei, não vão me tirar daqui nem que a vaca tussa. Bato na porta. Uma estrondosa voz masculina responde: "Entrrre!".

Um homem? O porteiro me mostrou a porta errada? Eu giro a maçaneta timidamente, abro só metade da porta; um cavalheiro de altura média com um rosto inteligente, olhos fundos e cabelo repartido vem até mim; ele não me é estranho. "Sim?" "Perdão, senhor, se estou perturbando. O porteiro me mostrou essa porta... Sou jornalista... E as pessoas estão interessadas no caminho de Asta Nielsen dos filmes para o palco. Então quero fazer uma entrevista, com a própria artista..." "É mesmo? Certo, tudo bem. Talvez você possa esperar aqui. Minha esposa já vai chegar. E, por favor, permita que eu me apresente: me chamo Gregori Chmara."

Agora sei de onde o conheço: ele é o mesmo Chmara que atuou sob Konstantin Stanislavski em Viena, que tem feito filmes na Alemanha por muitos anos e que, recentemente, se

tornou o marido de Asta Nielsen. Ele sabe conversar, mas ainda sofre com o idioma, procurando pelas palavras.
"Sim, a ideia de Asta subir aos palcos foi minha. Eu cresci no teatro; atuei com Stanislavski por anos. Em 1922, eu estava em Berlim; foi lá que vi Nielsen pela primeira vez. Agora estamos casados. Enquanto o cinema ainda nos dava oportunidades de florescer, não pensamos no teatro. Mas hoje, agora que o *kitsch* americano matou o cinema de arte alemão? Asta Nielsen deve ficar sempre parada no mesmo lugar? Então foi por isso que Nielsen deu as costas à câmera e foi para o teatro, como eu sempre quis."
"E você, Herr Chmara? Também vai atuar no teatro alemão?"
"Espero que sim! Mas pode levar anos para eu ter um bom domínio da língua. Enquanto isso, ajudo minha esposa a se preparar para seus papéis, trabalhando como diretor e — por assim dizer — empresário."
Agora há barulho vindo da chapelaria. Passos. Vozes. O show parece ter acabado. Mais alguns minutos e a porta se abre: Asta Nielsen entra rapidamente no cômodo. Alta, esbelta, de cabelos negros. Três coisas me chamam a atenção: seus grandes olhos castanhos, sempre lacrimejantes; suas madeixas escuras como o ébano, penteadas para trás; suas mãos brancas como a neve, longas, enervantes. Há apenas três semanas, eu a vi em um filme — se chamava *Frau im Feuer* [*A mulher em chamas*, 1924] ou algo assim — e agora ela está na minha frente, bem perto, tão perto que sinto seu hálito quente. Chmara nos apresenta. Asta está cansada, é fácil perceber. Mas Asta é gentil; ela se senta na mesa como uma colegial enquanto Chmara penteia seu cabelo com as mãos (os dois se amam como adolescentes

de dezessete anos). Sou breve. Asta Nielsen responde rápida e concisamente. Ela fala com um sotaque estrangeiro que parece britânico, mas de maneira fluente e de fácil compreensão. "Então você deixou mesmo o cinema?" "Não, eu o deixei porque não tinham nenhum novo projeto verdadeiro para mim. Mas voltarei ao cinema quando ele se tornar arte. Para mim, o cinema e o teatro são uma coisa só. Fui fiel a mim mesma." "Você já atuou no teatro?" "Sim, na verdade: por nove anos na minha cidade natal, Copenhague. Depois comecei a trabalhar no cinema. Waldemar Psilander foi meu primeiro parceiro. Passei quinze anos na frente das câmeras." "Como é ser uma atriz de teatro em ascensão?" "Estou feliz. Devo muito ao meu marido, que me transformou em uma atriz da escola Stanislavski." "A peça?" "*Romance*, de Sheldon. Um drama construído com sagacidade que ficou três anos em cartaz nos Estados Unidos. Meu papel? Uma cantora italiana que precisa falar com sotaque estrangeiro." "Seus próximos planos, próximos papéis?" "Vou viajar para Berlim. Negociações com um certo teatro estão sendo concluídas. Vou atuar em *Rausch* [*Intoxicação*], de August Strindberg. Talvez *Hamlet* também." "Por que você não vai aos Estados Unidos?" "Ah — eu nunca teria sido feliz nos Estados Unidos! Não há nenhuma noção de cultura lá, nenhuma arte." "Quem, na sua opinião, é o melhor ator de cinema?" "Todo mundo tem bons papéis. Estes são os atores que mais me impressionam: Werner Krauss em *O gabinete do doutor Caligari* (1920); Emil Jannings em *Varieté* [*Variedades*, 1925]; Gregori Chmara em *Raskolnikow* (1925); Charlie Chaplin é um gênio altamente criativo; acho que Lon Chaney é superestimado." "Seu melhor filme?" "*Fräulein Julie* [*Senhorita Julie*, 1922]!" "O que você faz, madame, quando não está fazendo nada?" "Eu converso com meu marido sobre teatro. Tenho sorte de poder conversar com ele. Ou então durmo." "Há quanto tempo está usando este corte de cabelo?" "Há cinco anos. Cortei meu cabelo para o filme *Hamlet*." "Como um homem precisa ser para você achá-lo atraente?" "Como o Chmara." "Você é contra ou a favor do bigode britânico?" "Preciso confessar: uma ideia tão profunda nunca passou pela minha mente." "Só mais uma pergunta idiota..." "Pode riscar isso!"

Asta Nielsen, a maior atriz de cinema do mundo, não ficará nas telas por muito tempo. Os milhares que tiveram o prazer de admirar sua brilhante arte serão reduzidos a centenas. E isso, creio eu, é um infortúnio.

Die Bühne, 4 de fevereiro de 1926

Meu "príncipe de Gales"

Eu realmente queria entrevistar o príncipe de Gales. Algumas boas linhas sobre a moda britânica sempre chamam a atenção. Sim, mas onde, como, quando? Alguns dias atrás, um jornalista de Nova York publicou uma foto do príncipe, pendurado em um pequeno parapeito no meio de uma cachoeira diabólica, uma vara de pesca com a alça dourada entre as pernas, fumando seu cachimbo e sorrindo: "Sua majestade, o filho britânico do rei, pescando em Dalmellington, Escócia."

Na Escócia! Mil seiscentos e noventa quilômetros do Opernring, em Viena, em linha reta. Então o que eu faço? Vou até lá? Entrevisto o príncipe por telégrafo? Espero até ele vir para Viena. Ou que tal isso...

Deve haver um inglês em Viena que entenda de moda. Mesmo que ele não seja o rei da moda, pelo menos alguém do mesmo reino. E onde eu o encontro? Moleza! Nos hotéis, é claro. Na frente do Imperial, tenho a confirmação das minhas espertas deduções. Alguém está parado ali: esbelto, viril, usando roupas seriamente casuais, naturalmente elegante, distinto, calças Oxford curtas, sobretudo de abotoamento duplo, chapéu escondendo o rosto, na mão direita uma bengala grossa como um tronco de árvore. Um inglês, por Deus, um inglês típico! Lá vou eu (também deve haver jornalistas impertinentes na Inglaterra)! "Com licença..."

O inglês é um cavalheiro gentil e amigável (bem como aprendemos na escola). Cinco minutos depois, sentados no canto de uma cafeteria, já sei de tudo: ele nasceu em Cardiff, estudou em Cambridge, está aqui agora vindo da Itália, aproveitando a Europa Central no caminho de volta, encantado por Viena, fala um bom alemão, cospe com maestria, faz seu cachimbo vagar de um canto da boca ao outro, com elegância e num piscar de olhos, e sabe muito sobre moda, que é o que me importa.

"A última moda? É a mesma dos últimos dez, vinte, trinta anos, a mesma dos próximos cem anos." Essa é realmente a principal diferença entre a moda inglesa e a moda francesa, americana e italiana. Um inglês encomenda dez ternos e cinco pares de sapato de uma vez só. De uma vez só! Ele muda de roupa todos os dias, sempre está elegante e não se incomoda com alfaiates e sapateiros por cinco anos. Americanos compram um terno novo a cada verão, a cada inverno, vestem-nos todos os dias e depois de seis meses os jogam no lixo. Fazem o mesmo com os chapéus e com todo o resto! Seguem a moda, à medida que isso pode ser chamado de moda. Hoje, o paletó precisa ter quatro botões, o sobretudo precisa de uma gola de veludo, os sapatos precisam ser do estilo brogue; amanhã eles colocarão uma fita verde no chapéu de palha e a cintura precisará "cair" exatamente sete centímetros acima do apêndice. Negócios, nada além de negócios! A mesma coisa se aplica à moda francesa, italiana ou qualquer outra. Prático, discreto, elegante: essa é a inclinação do inglês bem-vestido.

Suas roupas precisam ser do melhor tecido, os sapatos, do melhor couro, as camisas, de seda pura. Qualquer coisa cara é boa, qualquer coisa boa dura muito tempo, e qualquer coisa que dure muito tempo não é cara o suficiente! "O terno que você vê aqui", ele aponta para o blazer cinza-escuro, para as calças de flanela, todos perfeitamente novos, como se tivessem saído agora da vitrine da loja, um caimento perfeito, "este terno tem três anos e meio! Mandei fazer em Londres no melhor alfaiate por vinte e duas libras. Está pensando que sou o retrato da futilidade, não é? Faça as contas! Três anos e meio e contando. Um americano precisa de sete ternos nesse período. E espero poder usar o meu por mais três bons anos. Está chocado? Aguarde um momento! Por quanto tempo você usa suas gravatas?" O inglês dá uma olhada simpática para minha gravata, cujo nozinho está impecável no colarinho rígido. "No máximo meio ano."

"Meio ano? Sabe há quanto tempo uso minhas gravatas? Três ou quatro anos! Sim, verdade! Mas dê uma olhada na qualidade e no estilo do nó: ele é grande, atado de maneira casual. Ficar amassada todos os dias arruína até a melhor gravata. E do que serve um colarinho duro? Lavá-lo custa caro e seu pescoço fica assado e dolorido. Nós só os usamos com smokings e fraques. Se

não, apenas colarinhos macios. Veja, a estrutura deixa um espaço livre para o nó aqui, o que significa que o colarinho sempre ficará bem alinhado mesmo que seja muito pequeno ou muito grande."
"E a moda nunca oferece nada de novo?"
"Novo? Nada além de pequenos detalhes. No fim, não faz diferença se as calças são quatro centímetros mais compridas, se as lapelas são dois centímetros mais largas. O terno sempre tem um corte casual, com calças Oxford compridas e largas e um paletó curto, não acinturado. O sobretudo, também não acinturado, é longo. Aqui é raro ver o casaco para todos os climas que é muito popular lá. Ele serve de casaco de chuva, de inverno e de meia-estação. Os chapéus são leves, feitos do melhor feltro. Os sapatos são sempre arredondados, couro áspero e solas grossas. Sapatos de couro envernizado sem biqueiras. Usar uma camiseta por baixo ajuda muito a prevenir o desgaste das camisas. Por que camisetas de baixo? Praticidade, meu caro, nada além de praticidade. Não há nada mais a dizer sobre nós. Você já deve estar ciente de que sempre fumamos cachimbos, cuspimos com paixão, jogamos futebol com devoção e fomos abençoados com a audição de uma morsa congestionada!"

Um sujeito inteligente, esse inglês! Aliás, adquiri seu gosto por roupas: vou me vestir da maneira inglesa a partir de agora! Porque virar inglês é barato, e o que mais é barato nos dias de hoje?

Die Bühne, 11 de fevereiro de 1926

Descobertas de Lubitsch
UMA SELEÇÃO DE ELENCO FEITA PELO MAIOR DIRETOR DOS ESTADOS UNIDOS

Daisy está determinada a entrar no mundo do cinema. Ela marca uma reunião com Lubitsch e espera três dias até finalmente poder entrar na sala do Todo-Poderoso.
"Como posso ajudá-la?"
"Quero ser atriz!"
"Mostre-me seus pés!"
Envergonhada, Daisy levanta a saia um pouco acima do joelho.
"Nada mal! Seu outro pé, por favor!"
Daisy responde com timidez: "Ele é igual a este!"
"É mesmo? Está contratada. Para meu próximo filme: *A moça com dois pés esquerdos!*"

Die Bühne, 18 de fevereiro de 1926

14. "Die Tiller Girls sind da!" anuncia a chegada das Tiller Girls em Viena, *Die Stunde* (3 abr. 1926).

As Tiller Girls chegaram!
DESEMBARCARAM NESTA MANHÃ NA WESTBAHNHOF

Nesta manhã, trinta e quatro das mais sedutoras pernas emergiram do trem expresso de Berlim que chegou à estação Westbahnhof. As charmosas moças às quais elas pertencem usavam estilosas roupas de viagem e uma das últimas a deixar o vagão-leito era uma dama alta e elegante de certa idade, com um chapéu antigo na cabeça um pouco achatada, um lornhão na mão direita e a mão esquerda rodopiando no ar como a de um maestro.

Alguém queria saber: "Um colégio interno feminino, com certeza".

"Haha! Dois de abril!"

Essas são as Tiller Girls, as charmosas Lawrence Tiller Girls de Manchester. Todo mundo está animado, dando gritinhos e risinhos divertidos. Você não sabe para onde olhar primeiro. Dezesseis garotas magníficas, juntas, cultivadas em todas as partes do mundo. Aquelas figuras, aquelas pernas, aqueles rostinhos, tudo da melhor linhagem: aristocráticas, pode-se dizer.

Srta. Harley — esse é o nome da pastora dessas ovelhinhas — está coordenando as operações, e tudo funciona com perfeição: as malas, os passaportes, tudo está certo. As garotas ficam paradas em fila e em seus postos prestando atenção, esperando os comandos afiados da srta. Harley. O comitê de recepção formado por curiosos está em toda parte.

Uma entrevista terá que ser conduzida. Dezesseis garotas — dezesseis perguntas. E lá vamos nós.

Blonde Winnie é a primeira. "Você já esteve em Viena antes?" "Viena? Não, mas me disseram que o Prater é lindo."

Maisie, a parceira da esquerda, é a mais alta. "Você só fala inglês?". "*Nein. Ich sprechen auch Deutsch: Ich liebe dich.*" (Terrível. Gostaria de ter feito outra pergunta.)

Lilian, a mais baixinha, tem olhos pretos como o carvão. "Vocês dançam o *charleston*?" "Sim, nós dançamos o *charleston* no show."

Mabel, a mais bonita, parece não ser a mais esperta. "O que você acha da teoria da relatividade de Einstein?" "Einstein, Einstein... ah, *das sein* um bom doceiro em Berlim."

Dorothy tem belos cílios e sabe como flertar. "Em qual colégio você estudou?" "No Convento da Santíssima Virgem."

Marjorie, a do rosto endiabrado, é mais inteligente. Ela também fala o melhor alemão, e em Berlim deu um endereço para a imprensa alemã. "Você acha Genebra inútil?" "Com certeza. A política arruína seu caráter, e quero continuar com o meu."

Hilda I tem olhos grandes e gentis. "Você dança valsa?" "Com enorme prazer. Em Viena, quero dançar apenas a valsa. De Strauss."

Esther tem um olhar sonhador. "Quem é seu homem ideal? Stresemann, Jannings ou Dempsey?" "Rudolph Valentino."

Vera tem um rostinho bem delicado. "Você prefere um corte de cabelo *bob* ou *Eton*?" "*Bob*, sempre."

Hilda II sempre inclina a cabeça. "Você acredita em amor à primeira vista?" "Quando olho para você, *sim*."

Molly é um pouco rechonchuda, mas tem um sorriso lindo. "Como você imagina seu futuro?" "Estarei casada, com certeza."

Olive tem dentes esplêndidos. "O que você acha de saias curtas?" "Se você tem pernas bonitas, como Flossie, Vera, Molly, Marjorie, Mabel e Maisie, quanto mais curta melhor."

Joyce ri sedutoramente. "Bernard Shaw?" "Eu não sei, não o conheço."
Flossie é séria. "Você conhece *Hamlet*?" "Sim. Uma boa peça. Por que esse Shakespeare não escreve nenhum show?"
Jessie está sempre animada. "Vocês são mesmo tão monitoradas?" "Shh..." e coloca o dedo indicador na pequena boca rosada.
Edith, elegante e bem cuidada, é a última. "O que você acha da aproximação entre a Áustria e a Eslováquia?" "*Das Bester.*"
A srta. Harley também recebe uma pergunta. "Quem é Tiller?" "John e Lawrence Tiller são os fundadores da mundialmente famosa Girls University. Aos dez anos, as candidatas com as melhores formas físicas são aceitas depois de passar por um longo teste, e então estudam por sete anos. É um trabalho difícil. Grupos de dança formados pelas melhores pupilas são montados depois do diploma 'Matura': as Tiller Girls. O grupo que estou liderando é um dos quarenta e sete que agora se apresentam ao redor do mundo. Um empreendimento sólido, respeitável e mundialmente conhecido."
E a srta. Harley novamente segura o lornhão na frente dos olhos cinza-rato, dando ordens. As garotas são transportadas como se estivessem dentro de um carro-forte, longe dos olhos do público.
Elas ficam no Hotel...
Mas o único contato com elas é por meio da revista Haller.

Die Stunde, 3 de abril de 1926

O internato das Tiller Girls no Prater

As dezesseis garotas que visitaram o Prater em Viena em um dia ensolarado de primavera, há mais ou menos uma semana — estilosas, falando inglês e andando em pares —, foram vistas pela maioria dos transeuntes como alunas de um prestigiado internato, principalmente porque uma mulher mais velha estava tomando conta delas e dando ordens a cada passo. Mas o fato de a excursão dessas garotas incluir alguns rapazes e um fotógrafo cuja mão direita carregava um tripé e cujas costas encurvadas levavam uma câmera imensa, sem falar da notável elegância de todas elas, indicava para qualquer espectador, assumindo que tivesse alguma inteligência, tivesse estudado os jornais dos últimos dias e fosse capaz de diferenciar os ingleses dos sérvios, que aquelas eram as Tiller Girls.

No primeiro dia da sua estadia em Viena, essas maravilhosas meninas descobriram o Teatro Apollo; no segundo dia, a Torre St. Stephen, o bar do Hotel Sacher e o Spa Diana; e, no terceiro dia, foram ao Prater; um passeiozinho em uma bela ferrovia, um pouco de café vienense — *o melhor do mundo* — um pouco de carrossel: *bom demais!*

Uma garota Tiller é bonita, estilosa, agradável, razoavelmente bem-educada, graciosa, esperta, delicada, diplomática, doce; uma garota Tiller é tudo isso. Cada uma delas: Esther, Marjorie, Hilda I, Hilda II, Dorothy, Mabel, Lilian, Winnie, Maisie, Vera, Molly, Olive, Joyce, Flossie, Jessie e Edith.

Todas têm o mesmo gosto, a mesma opinião. Elas são uma única entidade, um único organismo, uma dependendo da outra. Não há individualidade aqui. A democracia absoluta.

"Será que as Hoffmann Girls não são melhores?" Um único lamento de indignação percorre o local, de Tiller Girl a Tiller Girl. Então, um coral: Tiller Girls — sempre copiadas, nunca igualadas.

Elas andaram na montanha-russa quatro vezes e acharam aquilo bastante divertido. Também ficaram maravilhadas com a roda-gigante: Viena...! Elas ficaram no bate-bate por uma boa meia hora cheia de diversão. Cada uma delas tomou três porções de sorvete em uma pequena doceria. Elas atiraram em cascas de ovo dançando com um jato de água. Aproveitaram tudo ao máximo. Mas, sendo inglesas, não quiseram andar nas carruagens com burrinhos arreados nelas, nem no carrossel com os penicos; são damas.

As menores coisas capturaram seu interesse: elas precisavam estar em todos os lugares. Para o diretor Alexander do Apollo e o cativante Fritz Jacobson da Haller, isso era um negócio sério. E eles sempre precisavam ceder. Como poderiam resistir às súplicas da doce Marjorie? Ou a um beijo amigável de Winnie?

Pessoas adoráveis. Excursões deveriam ser feitas apenas com Tiller Girls. Talvez seja o fascínio da língua estrangeira, talvez a espontaneidade das garotas, que são apenas crianças. Todos se divertem muito. Uma das Hildas escondeu o chapéu de Jacobson. Jessie está prestes a colocar um pedaço de papel colorido embaixo do colarinho do diretor Alexander, Mabel conversa com o fotógrafo sobre a beleza das paisagens da Escócia, Dorothy e Olive discutem, Molly segura a srta. Harley, a líder, pelo braço e a guia de cabine em cabine.

Elas gostam daqui. O parque de diversões é maior, mas o Prater é mais divertido. Londres é colossal, Berlim é espetacular; mas em Viena há *schnitzels* deliciosos, doces tão gostosos. Elas adorariam ficar em Viena. Mas no dia primeiro precisam ir a Dresden, depois a Hamburgo, e retornar a Berlim. Descobrimos tudo isso em uma lanchonete do Prater.

Todas as garotas são sinceras; elas até admitem ter uma "preferida" quando esse é o caso. E a srta. Harley, a governanta, tem permissão para ouvir.

Vamos continuar indiscretos: você até recebe um (inofensivo, nada erótico, amigável, familiar, pelo amor de Deus, sem obrigação, esquecido no próximo minuto...) beijinho, se implorar por um. Deus sabe que isso não é uma tarefa fácil. Mas você ganha.

Diga que conhece o Billie.

Die Bühne, 15 de abril de 1926

O filho de Girardi toca jazz no Mary Bar

Enquanto seu pai está celebrando um marco na carreira e pôsteres nas ruas pedem doações para um monumento que homenageie esta que é uma das figuras mais populares de Viena — ao lado do prefeito Karl Lueger —, enquanto um teatro encena a história da sua vida toda noite e uma mostra dedicada a Girardi exibe seus objetos cotidianos aos vienenses, Toni toca jazz no Mary Bar.

Toni Girardi tem apenas 28 anos, e as pessoas até alegam ver uma certa semelhança — externa — com seu incrível pai. Ele fica sentado ali, na frente da enorme bateria, baquetas nas mãos, trabalhando com todos os instrumentos, o triângulo, os címbalos, vários apitos e bugigangas comicamente construídas

que produzem todo tipo de ruído exótico. Toni trabalha com tudo isso, cheio de amor e entusiasmo pela profissão. Às vezes ele até canta, quando há uma atmosfera alegre. "*I love Ukelele Lady, Ukelele...*" Ah, Toni é um bom jazzista.
"Então você toca em uma banda de jazz? Que interessante. Se seu pai soubesse..."
"Ah, bobagem. Preciso me sustentar. Os salários mínimos em Jarno..." "Você passou por muita coisa?" "Ah, sim. O coroa não queria que eu fosse ator. Sem dúvida ele mesmo passou por poucas e boas nessa profissão. Mas ele assinou meu primeiro contrato para St. Pölten. Aí eu me casei e fui trabalhar para o meu sogro no setor de automóveis. Eu gostei. Depois me divorciei e me casei de novo. Bem. Em Jarno, atuei de novo. Eu deveria sobreviver com um salário mínimo. Dois milhões."

Durante essa conversa, Toni continua tocando, gorjeando a melodia para si mesmo: "... *ein Gra-, ein Grammophon... Küss' die Hand, gnä Frau... das macht so schön trata, trara, Sie wissen schon...*".

"Eu não tinha mais vontade de atuar e queria voltar para o setor de automóveis. Mais fácil falar do que fazer. Aí anunciei que queria trabalhar como chofer. Ninguém esboçou reação. Agora toco jazz ali no bar. Preciso me sustentar."

E, de novo, as baquetas nas mãos de Toni começam a girar.

Die Stunde, 22 de maio de 1926

Paul Whiteman, seu bigode, o Cobenzl e as tavernas
UMA TARDE COM O SEGUNDO HOMEM MAIS FAMOSO DA AMÉRICA

1.
Em janeiro deste ano, o *Chicago Tribune* publicou estatísticas sobre as principais celebridades americanas. Milhões votaram; os Estados Unidos inteiros estavam num reboliço. O ranking ficou assim: 1. Charlie Chaplin; 2. Paul Whiteman; 3. Jack Dempsey; 4. Ford; 5. Douglas Fairbanks; 6. Edison; 7. Johnny Weissmuller; 8. Rudolph Valentino; 9. Lillian Gish; 10. Rockfeller; 11. Tilden; 12. Coolidge.
A voz do povo é a voz de Deus.

2.
Ontem, ao meio-dia, o número dois do ranking mencionado anteriormente saiu de um vagão-leito do trem expresso de Berlim a Viena.
Se você combinar estas coisas: o mais divertido bigode imaginável, um queixo duplo verdadeiramente charmoso, dois olhos gentis e ingênuos em um belo rosto largo, um homem corpulento, gracioso, vestido de maneira casual e discreta, você tem Paul Whiteman.
Ele está acompanhado de Fritz Wreede, o renomado editor berlinense, amigo pessoal de Paul — seu editor, não seu empresário, como está sendo erroneamente noticiado.
O "comitê de boas-vindas" — os dois diretores do Wiener Boheme Verlag, Otto e Erwin Hem, o compositor dr. Robert Katscher, Herr Armin Robinson, o diretor-geral berlinense

do Boheme Verlag, uma dúzia de entusiastas, vários jornalistas — é brevemente apresentado, uma banda de seis homens toca o grande hit americano de Whiteman, "Wonderful One...". Whiteman com alegria aperta a mão do maestro, dois fotógrafos fazem um retrato dele e o grupo todo entra em três carros esperando ali fora. Paul Whiteman, o segundo homem mais famoso dos Estados Unidos, passa pela Porzellangasse.

3.
Ele se hospeda no velho Hotel Bristol. No bar do primeiro andar, enquanto os recém-chegados desfrutam de cervejas e sanduíches, há tempo de colocar Whiteman sob uma lupa e examiná-lo em câmera lenta.

Ali está aquele seu bigode de novo, um bigode esplêndido, inigualável, divino, fantástico. Só esse bigode já deixaria Paul famoso, sem dúvida. Seu corte é rente e enrolado no meio, as duas pontas se estendem bastante, apontando para cima na direção das narinas em um ângulo agudo; as pontas têm um pouco de pomada, o que adiciona um elemento aromático a nosso prazer visual. Esse é o bigode do futuro. Marca registrada de Paul Whiteman.

Whiteman está bebendo cerveja, uma lager Schwechater, e ele gosta do gosto. "Maravilhosa", ele diz, levantando o lábio superior em êxtase, o que faz com que as pontas do bigode encostem no nariz; é assim que Paul demonstra entusiasmo. Ele não fala uma palavra de alemão, apesar de seus antepassados serem alemães, sua juventude, sua carreira etc., tudo isso já é bem conhecido. É importante arranjar perguntas bem diferentes.

"Na sua opinião, como a proibição do álcool nos Estados Unidos influencia a música?"

"*Matando tudo!*" é a resposta, em inglês. E Paul toma um gole tão grande da sua caneca de cerveja que a espuma gruda no bigode. O mensageiro chega correndo: o Teatro a. d. Wien está no telefone, Max Reinhardt está na linha, Herr Kalman está aqui com o carro, Franz Lehar anuncia sua chegada... Não está sendo fácil para Fritz Wreede, a fama de seu amigo dificulta as coisas para ele. Enquanto isso, Paul Whiteman fica quieto, como uma criança prodígio que não sabe o que fazer com os olhos do mundo todos nela.

"Então você se apresentará em Viena?"

"Eu ficaria encantado. Mas antes tenho três concertos na Holanda, depois me apresentarei em Berlim, depois em Paris. Poderia fazer algo em Viena no fim de junho. Mas ainda não há nada certo."

"Você também toca?"

"Não, não mais. Agora eu conduzo. Com o joelho."

"-?-?"

"Sim, com o joelho."

O bigode voa por cima da metade esquerda do seu rosto; minha ingenuidade o diverte. "Veja, assim!" Whiteman levantou e sacudiu a perna direita como se ela tivesse recém-pegado no sono e ele quisesse acordá-la.

"Às vezes, minha banda até toca no escuro. Tango, por exemplo. Aí eu uso uma lanterna para reger."

"Quais são seus últimos sucessos?"

"'How' e 'Dreaming of a Castle in the Air', e a 'Rhapsody in Blue', de George Gershwin."

"Você vai tocar compositores vienenses?"
"Sim, 'Madonna', de Robert Katscher; 'Im Ural', do sr. Ralph Erwin; 'Catherine', de Fall, foi um grande sucesso para nós. Uonderfuhl!"

4.
À tarde, Whiteman conhece uma versão em miniatura de Viena, uma visita ao Ring, ao Cobenzl Castle e às tavernas.
Fritz Wreede apresenta a prefeitura a ele como o quiosque central da cidade, o Burgtheater como uma piscina e a universidade como nossa escola de hipismo. Nem um único músculo se mexe na face de Whiteman; ele não se importa. A veloz Mercedes do dr. Katscher voa pela sinuosa estrada do Cobenzl — se as ruas não fossem asfaltadas, haveria uma grande nuvem de poeira. E o motor canta: "Mercedes, você é mais rápida do que a luz". Ainda assim, Paul não se impressiona; ele está acostumado com seu carro de 18 mil dólares e 120 cavalos de potência.
Lá em cima, no entanto, a vista começa a trazer um traço de emoção a seu bigode.
Bebemos um quarto de Spezial no Manhart. Whiteman parece entender de vinhos: nós vamos escolher este! Os cantores da taverna apresentam nossas canções especiais para Whiteman: "Mei muatterl war a echt's Weana-Kind" [Minha mamãe era uma verdadeira filha de Viena] e "Im Pratter blühen wieder die Bäume" [As árvores estão florescendo de novo no Prater]. "Uonderfuhl", ele diz, pois é muito educado.
Die Stunde, 13 de junho de 1926

Whiteman triunfa em Berlim
UM PÚBLICO DE QUATRO MIL PESSOAS NA ESTREIA NO GROSSES SCHAUSPIELHAUS

Reportagem especial no *Die Stunde*

Berlim, 27 de junho de 1926
O concerto começa na noite de sábado às 20h15. Berlim, a musical e artística Berlim, está em um estado de animação fervorosa. O Grosses Schauspielhaus está lotado, sem um único assento vazio. Paul Whiteman, o dr. Robert Katscher e eu vamos até lá. O relógio na Potsdamer Platz mostra oito e dez. Os carros estão enfileirados até a Brandenburger Tor, e na Schiffbauer Damm o trânsito se move apenas em solavancos. Há oitocentos carros parados ali. Toda Berlim se reuniu em um só local; toda Berlim colocou sua melhor roupa. Precisamos descer cem passos antes da entrada do teatro, ou demoraria demais. As pessoas reconhecem Whiteman; afinal, sua foto está pendurada em todos os painéis de publicidade.

O público grita por ele antes mesmo de ouvir um único som. Três mil e quinhentas pessoas entram no Schauspielhaus, e quatro mil estão lá dentro. São colocadas cadeiras dobráveis; duas poltronas sentam três. Entre oito e dez pessoas estão de pé nos camarotes.

Cerca de quinhentos conseguiram se esgueirar lá para dentro. Na rua, os carros continuam chegando. As pessoas já estão oferecendo duzentos marcos (ou seja, 340 xelins) por um só ingresso. Os famosos incluem o príncipe Joachim da Prússia; oficiais das embaixadas americana, francesa e britânica; o editor-chefe do *Berliner Tageblatt*, Theodor Wolf; o editor-chefe do *Vossische Zeitung*, Georg Bernhard; os principais críticos de música de todos os jornais de Berlim; os diretores do Teatro Berlim que atualmente estão em Berlim; Emil Jannings e sua esposa; Fritz Kreisler e sua esposa; todos os músicos disponíveis em Berlim etc. Às 20h45, 29 americanos estilosos, todos de smoking, sobem no pódio e começam a afinar os instrumentos. Um silêncio repentino. Whiteman sobe graciosamente no palco. Aplauso. Whiteman agradece ao público com um sorriso, bigodinho balançando, e então pega a batuta. O salão escurece, um holofote violeta joga uma luz ambiente sobre a orquestra. Um pedido de silêncio é ouvido. Vai começar.

A primeira peça é "Mississippi". Música naturalista. Ouvimos o borbulhar da água enquanto vivemos as fabulosas celebrações do *Mardi Gras* na cidade fluvial de New Orleans. Uma peça musical de grande interesse.

Depois, cinco melodias americanas. Whiteman agora rege sem a batuta. Seu corpo vibra, o queixo duplo treme, o bigode salta, os joelhos cedem. O ritmo em pessoa ("Tiger"), uma peça *ragtime* ("Dizzy Fingers"), uma perseguição frenética pelas escalas ("Caprice Viennoise"), a obra para violino de Kreisler transformada em jazz. Os trinta homens são músicos e atores extraordinários. No meio da execução de um número musical, eles se lançam em uma deliciosa comédia. O saxofonista flerta com uma moça no camarote, enquanto Whiteman o reprova com o olhar. O baterista pega no sono, o tocador de banjo declama monólogos. Uma piada musical é orquestrada.

A sala de concerto fica tão escura que as pessoas não conseguem ler os programas. Whiteman mantém seus garotos na linha com uma lanterna, um após o outro. São — um por todos e todos por um — atos de primeira classe em um teatro de primeira classe. Enquanto o violinista toca, ele gira o violino no ar, coça o pescoço com o arco e depois o prende entre as pernas e fica tocando nessa posição. Um deles toca uma bomba de encher pneus; três homens cantam "Castle in the Air".

De repente, o faixo de luz da lanterna de Whiteman cai em um canto onde os músicos que estão ociosos no momento bebem álcool. A garrafa está escondida, um músico com cara de culpado tenta fazer cara de inocente como se não fosse ele bebendo, mas o violoncelo. Comediantes geniais, músicos geniais. O *virtuoso* do piano é uma sensação por si mesmo. Seu nome é Perella, e, quando ele subir ao palco sozinho, seu nome terá uma bela sonoridade. "Madonna", de Katscher, e "Valencia", de Josef Padilla, ambas com arranjo de Whiteman, são recebidas com entusiasmo. O público vai à loucura, e "Madonna", orquestrada com maestria, fica praticamente irreconhecível. Ela começa com uma barcarola e termina com um *charleston* que deixa suas pernas se mexendo sem parar. A "Rhapsody in Blue", composição que criou um grande rebuliço nos EUA, é um experimento que explora a música folk americana. Quando Whiteman a toca, é uma grande peça de arte. Ele precisa tocar de novo e de novo. O povo berlinense, normalmente reservado, é só elogios. As pessoas continuam no teatro meia hora depois de o concerto acabar.

Pelo jazz? Contra o jazz? A mais moderna das músicas? Kitsch? Arte?

Necessidade! Uma regeneração essencial do sangue calcificado da Europa.

Die Stunde, 29 de janeiro de 1926

Eu entrevisto o sr. Vanderbilt

UMA CONVERSA COM O MULTIMILIONÁRIO AMERICANO — ELE ANDA COM APENAS 250 MARCOS NO BOLSO — E TAMBÉM NÃO TEM TEMPO DE IR AO DENTISTA

Berlim, 7 de junho [1926]

"É ele!"

O porteiro animado levanta a mão, as pequenas veias azuis nas têmporas saltando. O diretor mexe na gravata com ansiedade. Vinte carregadores prestam atenção.

O homem causando essa comoção toda está parado tranquilo no saguão, desengonçado, por volta de trinta anos, sem nenhuma elegância especial, os olhos duros e cinzas, o queixo assertivo. Ele personifica o jovem empresário americano.

O hotel inteiro está fascinado pelo nome, boquiaberto, atordoado.

Enquanto isso, o portador de tal nome me cumprimenta cordialmente com um aperto de mão.

"Uma entrevista! É claro!" E me convida para entrar no elevador, que o ascensorista — tremendo, com gotas de suor na testa — direciona para o terceiro andar.

*

O homem sentado na minha frente é um Vanderbilt, membro da milionária família americana; ele é tão rico que, se sentisse vontade, poderia comprar toda a Unter den Linden, incluindo o Brandenburger Tor, só por diversão.

"Sou Cornelius Vanderbilt Jr.", diz cheio de gentileza e cordialidade. Ao falar, exibe um conjunto de dentes resistente, mas imperfeito. *Por que ele não vai ao dentista?*, o entrevistador se pergunta.

Finalmente recebe uma resposta meia hora depois: o sr. Vanderbilt não tem tempo para dentistas; ele precisa trabalhar, trabalhar duro o tempo todo.

"O avô de meu tataravô construiu nossa fortuna, construiu nosso nome. Ele era holandês e se estabeleceu nos Estados Unidos quando Nova York ainda era Nova Amsterdã. Sou o único descendente homem da quinta geração dos Vanderbilt."

Ele declara isso de maneira simples e sem nenhum traço de piedade, como se fosse qualquer um menos o herdeiro de centenas de milhões de dólares.

"Se você me der licença, agora preciso me arrumar."

É claro que dou licença.

O sr. Vanderbilt tira o casaco e as calças e troca os sapatos. Eu descubro:

Os sapatos do sr. Vanderbilt têm solas novas;
As calças do sr. Vanderbilt estão um pouco puídas;
O sobretudo do sr. Vanderbilt brilha nos cotovelos;
A gravata do sr. Vanderbilt tem uma mancha de gordura.

*

"É uma coisa incrível ser jornalista. Quando eu tinha vinte e dois, comecei a trabalhar como repórter no *New York Herald* e no *New York Times*. Hoje tenho vinte e oito; sou dono de três jornais: dois na Califórnia e um em Miami, Flórida. Além disso, tenho duas revistas e uma editora que atua em todo o país e emprega oito mil funcionários. Moro em Nova York. Gostaria de me visitar algum dia? Aqui está meu endereço."

Sua mão esguia estende um cartão para mim:

SR. CORNELIUS VANDERBILT, JR.
Quinta Avenida, 640, Nova York

"Também quer saber o que estou fazendo na Europa? Uma viagenzinha educativa. Eu escrevo perfis políticos de estadistas europeus para meus jornais. Na semana passada, conversei com Mussolini, ontem, com Piłsudski. Estou totalmente envolvido na minha profissão. Como eu disse: é uma coisa incrível ser jornalista."

Os olhos do sr. Vanderbilt se acendem quando ele pronuncia o termo "jornal". Um entusiasta.

*

Mensageiros chegam correndo, o telefone toca sem parar. Berlim está procurando o sr. Vanderbilt. "Preciso ser breve. Dez perguntas. Nada mais."

"Sim."

"Primeira: o que você faria se fosse um europeu pobre?"

"Eu me tornaria um jornalista. Sem dúvida e definitivamente."

"Segunda: você acha possível salvar o franco francês sem ajuda americana?"

"Não saberia dizer. Sou um político, não um economista."

"Terceira: seu esporte favorito?"

"Velejar."

"Quarta: com quanto dinheiro você costuma andar no bolso?"

"Não muito." Ele enfia a mão no bolso e tira um maço de dinheiro. Duzentos e cinquenta marcos contados, nenhum

centavo a mais. "Mas também tenho um talão de cheque comigo!" É uma obra-prima, esse pequeno talão retangular, revestido de couro envernizado. "Quantos zeros você pode colocar aí?" "Não precisa se preocupar com dinheiro!" "Espero que sim", ele responde em inglês.
"Quinta: suas impressões de Berlim como uma cidade grande?"
"Eu conheço Berlim, já estive aqui em 1912. Gostei muito mais da cidade agora. Ela cresceu. O trânsito já está nos nossos padrões. Adoro o verde de Berlim, seus jardins e parques. De verdade."
"Sexta: quem você considera o comediante mais importante, Charlie Chaplin ou Buster Keaton?"
"Charlie Chaplin."
"Sétima: quantas cartas suplicantes você recebe por dia?"
"Seiscentas."
"Oitava: você acha que a riqueza deixa as pessoas arrogantes?"
"Hmm. Eu tenho tanto trabalho para fazer que nem consigo pensar se ser rico me deixa feliz ou entediado."
"Nona: o que você sente quando vê um entrevistador?"
"Um sentimento de felicidade maravilhoso, incrível. Do ponto de vista do empresário, é claro. Meu amigo Ford ficou rico graças a entrevistas e anedotas. Você precisa ser entrevistado cem vezes, você precisa sentir orgulho de saber que seus carros estão sendo comparados com comida enlatada em tantas piadas. Negócios, meu caro, negócios..."
"Décima: você se identifica como um bilionário ou como um jornalista?"
"Jornalista!"

"Bem, então adeus, *Herr Kollege*."

O sr. Vanderbilt ri tão calorosamente que seus dentes ruins podem ser vistos de novo. Mas agora tenho certeza: ele não tem tempo mesmo para ir ao dentista.

Die Stunde, 10 de julho de 1926

O príncipe de Gales sai de férias

O que é o príncipe de Gales? Um *garoto engraçado*, um cara estiloso.

E como está a vida na corte? Ele está de saco cheio dela.

Como o palácio de Buckingham o entedia! E o castelo de Windsor. E sua casa Marlborough. E a residência de verão Osborne na Ilha de Wight. E Balmoral na Escócia.

Então, como *o rapaz mais popular do mundo* está se sentindo? Ele está morrendo de tédio e profundamente triste.

Não vale a pena nem passar despercebido nos bares de Londres, no Kit-Kat Club, onde estão tocando as mesmas músicas há sete semanas, "Baby Face" e "Charlie My Boy", "Charlie My Boy" e "Baby Face".

Sim, e aqueles sujeitos de Sandringham em Norfolk jogam golfe tão mal que até as galinhas dão boas gargalhadas.

Ainda há as corridas de *greyhounds* em White City; é um bom programa uma vez, duas, mas depois até o coelho eletrônico faz você bocejar.

Ainda é possível dar umas escapadas no iate real, sim, muito agradável se você não fosse interrompido a todo momento por nadadores cruzando o canal e pelo zumbido de aviões sobre o oceano.

Talvez ainda haja uma queda do cavalo, na presença de membros da imprensa e seus fotógrafos. Mas esse é um repertório antigo; sua majestade, o príncipe, já se aproveitou de uma escorregadinha do cavalo — um pequeno tombo por temporada — em 1926, 1925, 1924, 1923, 1922... Um mundo que — Deus tenha piedade. Tão chato, tããão chato.

Outra viagem pelo mundo?

Hmm, hmm.

Ele conhece o subcontinente indiano e o sudeste da Ásia tão bem quanto o bolso e o coldre de suas calças.

Quanto ao Egito, os crocodilos já sussurram o nome dele em frente às pirâmides.

Austrália? A Austrália lhe dá nos nervos.

Nova Zelândia, Guiana, Jamaica, Ceylon, as ilhas Fiji, Hong Kong e Malta: idem.

Diversão, vosso nome são as colônias.

Dias turbulentos se seguiram na Casa Marlborough, até que ocorreu ao príncipe: o Canadá não seria nada mal.

Canadá!

Uma rajada congelante sopra das montanhas Rochosas, mustangues e búfalos pastam nas pradarias. Há fazendas por toda a parte, uma abundância de caçadores.

Um pedido foi feito por telefone para o príncipe de Gales: um rancho, um rancho canadense de verdade, do tipo onde moram os rebeldes de lá, feito de troncos de árvore retorcidos, forte e à prova de qualquer clima, a milhares de quilômetros de Quebec e Montreal, no meio de florestas imensas e pradarias sem fim. Um rancho simples, com seis banheiros, duas salas de sinuca, uma sala de bridge, um salão de baile, três bares, e por aí vai.

Tudo de acordo com a lista de desejos do príncipe. Um barco a vapor repleto de bagagens partiu da Inglaterra, e todos correram para preparar o rancho.

Um bom retiro de verão para um príncipe.

Programação diária:

Acordar às cinco e meia. Um pequeno passeio de estômago vazio e casaca vermelha não faz mal algum.

Das sete às onze: primeira rodada de café da manhã, estilo inglês. Traje: pijama ou um robe de banho de seda.

Das onze às duas: conversas com o mensageiro ("Onde está meu pagamento?" Salário de 40 mil libras e 60 mil libras da renda do ducado de Cornwall).

Das duas às quatro: uma refeição leve ao ar livre, depois receber a imprensa. Traje: calças de caubói, camisa roxa, gravata roxa, lenço roxo, fita de chapéu roxa. O príncipe está revestido de roxo.

Das quatro às seis: receber o público. Traje: uma vestimenta de duas peças, calças listradas, paletó preto.

Das seis às oito: *souper dansant*.[5] Para esse propósito, dois locais arranjam um gramofone. O príncipe dá aulas de *black bottom*. Uma partida de sinuca. Traje: um smoking.

Das oito às doze: partida de bridge. Se o tempo for bom, ao pé das Montanhas Rochosas. Traje: fraque.

Depois, dançar.

Recortes dos jornais britânicos: "Nosso príncipe está vivendo entre os fazendeiros canadenses".

---

5. Jantar dançante.

"Nosso príncipe atira em sete búfalos."
"Nosso príncipe doma cavalos selvagens."
"Nosso príncipe se perde nas montanhas."
"Nosso príncipe aprende a laçar."

Recentemente, acordaram o príncipe perto das três da manhã para perguntar se por acaso ele gostaria de participar de uma caçada. Que tipo de pergunta é essa? Ele cavalgou de pijama. Sim, é claro!

Olá, príncipe, você é um garoto engraçado.
Agora, mais do que nunca, como um genuíno caçador.

Berliner Börsen Courier, 31 de agosto de 1927

Chaplin II e os outros no Scala

Um programa excelente! Colorido, brilhante e acima de tudo: uma novidade!

Palhaços: há Will *Cummin*, um rapaz magnífico, que usa um guarda-chuva como isqueiro e leva seu chapéu para passear equilibrado em um charuto; que impressiona um malabarista ao equilibrar doze cartolas, parodiando Rastelli; que derrama litros e litros de água de um mísero vasinho enquanto faz as mais doces caretas. E depois temos a família *Andren*, gênios musicais, virtuosos do vaudeville de primeira ordem. Com um garotinho cujos olhos cintilam em uma melancolia infinita e que toca *Träumerei* no violino enquanto desliza na ponta dos pés.

Três ursos e Okito: um urso cinza entra de patins para começar o show, depois um segundo faz sapateado e o terceiro (Fräulein Ottilie de Schöneberg, como Joseph *Breker*, o treinador, chama esse) anda de bicicleta. Com a graça e a facilidade de garotinhas. Sim, é só quando a banda esquenta as coisas com um louco *charleston* que os três esquecem o treinamento. Como lunáticos, eles puxam suas correntes, no ritmo e em síncope, é claro, mas de maneira tão animada que eles deixam as calças do ajudante do sr. Breker em farrapos. E *Okito*: um ilusionista sem moderador, o que é uma bela vantagem. Ao mesmo tempo, esse homem "asiático" é um grande artista; como ele faz aquela coisa com a bola dourada e aquela coisa com os gansos? A dúzia de quimonos que Okito apresenta com o refinamento de uma modelo parisiense já faz valer o valor do ingresso.

Atrações de dança: sinceramente, essas são meio fracas. Já vimos danças modernas muito melhores do que as apresentadas por Laczi e Änni.

Chaplin II: dois acrobatas, rapazes charmosos, e Charlie Rivel; essa é a trupe. Esse Rivel está conscientemente fazendo uma imitação. Mas, quando vem de dentro, é tão forte que se justifica (se justifica de um ponto de vista legal, pelo menos, pela mesma razão que Chaplin, o maior, não é mais original que ele; as pessoas dizem que é Billy Hurrydale, um idiota inglês de segunda classe). Rivel é um observador brilhante, ele conhece a genialidade como o bolso de suas calças puídas. Com seu jeito discreto, ele consegue transportar Chaplin para uma esfera tridimensional — o que surpreendentemente funciona muito bem. Não preciso dizer que seus parceiros, que realizam inúmeras piruetas, merecem muitos aplausos.

Conquistas incríveis: alguém que calcula a raiz quadrada de 33 000 262 176! Esse fenômeno é Emanuel *Steiner*, que brinca sem esforço com números de vinte dígitos; como ele mesmo diz, a única pessoa do mundo que não se assusta nem com números na casa dos bilhões. Também tem um conhecimento irritante de todas as possíveis e impossíveis datas da história; sabe que Arquimedes nasceu em uma quinta-feira; e o resultado de 766 na quarta potência dividido por 77 (um cético de bochechas rosadas do meu lado resmunga o tempo todo: tour de force; vou chamá-lo para calcular minhas dívidas!).

Alguém com pulmões de gasômetro! *Omikron* é um rapaz loiro e esguio com uma roupa violeta que parece um anúncio de aspirador de pó. Ele aspira gás suficiente para mandar algumas pessoas para o além e ainda sobrar. Usa esse gás para acender lâmpadas, aquecer um ferro, fritar um ovo. Você fica com um gosto amargo na boca, mas impressionado com esse sujeito, e como!

E alguém que passa pelo buraco de uma agulha! Martin *Sczeny*, mexicano, com uma leve entonação húngara; ele tem um peitoral largo e é musculoso dos pés à cabeça. Um artista de fugas, um *matador* das escapadas. Vinte pessoas da plateia colocam uma camisa de força nele, depois o embrulham como uma criança de fraldas. Em um minuto, ele está livre. Fica de ponta-cabeça e dá saltos mortais que fazem suas juntas rangerem com um estalo que dá calafrios na espinha. No final, rasteja por um aro de aço tão pequeno quanto um prato de sopa. Ele finge que vai pular várias vezes, as moças se levantam das poltronas na primeira fila e então: puf, a coluna dele se dobra, de novo e de novo, pronto! Muito esforço, muito suor. Bravo!

Berliner Börsen Courier, 10 de maio de 1927

O sósia
A HISTÓRIA DE UM CAMALEÃO CHAMADO ERWIN

O dicionário pode definir um indivíduo como único e inimitável, mas isso não se aplica nem um pouco a Erwin. O mundo a seu redor não funciona nesses termos. Em flagrante desrespeito à definição científica, o mundo conferiu a ele a capacidade duvidosa de se multiplicar. Com tanta preguiça quanto o departamento que anexa descrições aos que solicitam passaportes, ele nega a existência de qualquer "traço distintivo" que Erwin possa ter, ignora todas as características específicas da sua aparência e o reduz a um modelo. Porque tem uma altura média e cabelos pretos — como Herr Klappke —, ele o reconhece como Herr Klappke. Porque usa óculos com um padrão mesclado e tem olhos castanhos — como Herr Rednitz —, ele o toma por Herr Rednitz. Erwin não consegue ser Erwin. O destino o condenou a ser vítima da memória fisionômica subdesenvolvida de seus semelhantes.

Ao longo dos anos, Erwin teve que interpretar todos os papéis imagináveis, desde aprendiz de quitandeiro e comediante cinematográfico até um jovem problemático e um primo desaparecido na Austrália. No início, ele se opôs com veemência a qualquer identificação falsa. Recusou-se a ser aquele que supostamente era "reconhecido" e tentou esclarecer as confusões com negativas e um cartão de identificação pessoal carimbado. Ainda não sabia o quão obstinadamente as pessoas insistem em defender seus equívocos. Ainda não tinha previsto a desconfiança que seus protestos criariam. Ninguém acreditava quando ele declarava que não era quem achavam que fosse. Se por acaso acreditassem em algo, era que ele não *queria* ser aquela pessoa, que ele possuía alguma razão dolorosa para contestar sua identidade. Logo, a natureza pacífica de Erwin se cansou desse constante bate-boca. Ele se resignou e encarou seu destino de "ser parecido" com dignidade. De bom coração, ele se tornou um indisposto trapaceiro. Deixou os erros seguirem seu caminho e lutou para se conformar razoavelmente bem aos papéis exigidos dele. Se alguém ameaçasse expô-lo, ele simplesmente ia embora.

Há duas semanas, tudo estava correndo bem. Eis que, em um salão de baile, uma criatura esquelética tentou reivindicar Erwin como seu noivo, que a havia abandonado antes de o ano terminar. Erwin bateu o pé. Ele estava esperando uma confusão agradável e não tinha a menor vontade de passar a noite toda ao lado desse esqueleto vestido de preto. Logo entendeu por que o noivo havia fugido. Recorreu a negativas e exibiu sua identidade carimbada, como costumava fazer. Uma cena terrível logo se sucedeu. A noiva esquelética gritou que ele já havia tentado essa manobra do falso documento antes, usando o nome *Egon*. Se ele não pagasse a pensão agora mesmo, ela o entregaria para a polícia. Ela investiu contra ele de forma ameaçadora, e os convidados ficaram do lado dela. Tapas no rosto e coisas piores se seguiram.

Quando Erwin chegou em casa, tomado pelo desespero, seu primeiro pensamento foi pegar uma lâmina e cortar os pulsos. Ele logo percebeu que esse tipo de comportamento não tinha nada a ver com seu estilo. Ele grunhiu e gemeu até de manhã, exausto de ter que aguentar os fardos alheios em cima da pilha de desgraças que já havia sido alocada a ele mesmo. Então, tomou uma decisão. *Precisava* de qualquer jeito ter um "traço distintivo". Apesar de não ser possível revisar a história, ele tinha o poder de acentuar sua individualidade, e era isso que iria fazer. Renunciou a qualquer traço de vaidade humana.

Agora Erwin tem costeletas e uma cabeça raspada. Um pincenê com aro de metal balança no seu nariz. Seu colarinho levantado vai até o queixo. Ele usa botas de cano alto marrons e um chapéu tirolês desgastado adorna sua cabeça. Quando se arrasta pelas ruas, as pessoas se cutucam e riem. "Que disfarce criativo", elas dizem, pensando em quem pode estar escondido por trás daquela máscara: Herr Klappke ou Herr Rednitz?

Berliner Börsen Courier, 14 de junho 1927

Um ministro a pé

Não há dúvidas: é ele. O pescoço taurino, a linha horizontal afiada daqueles ombros quadrados, seus passos determinadamente casuais são inconfundíveis. Theo já estudou muitas vezes a silhueta das costas do ministro nas caricaturas exageradas das revistas satíricas. Mesmo assim, ele hesita em confirmar esse encontro. Um ministro a pé, de blazer? Uma parte tão comum, insuspeita, da procissão de transeuntes vespertinos? Cheio de desgosto por qualquer política partidária, Theo ainda tem respeito demais por figuras governamentais de alto escalão para imaginá-las sem uma escolta formal. Uma manchete de jornal vista de relance dispersa suas dúvidas. Ah, entendi, uma sessão parlamentar. O ministro fez seu grande discurso. É compreensível, está querendo um descanso ao ar livre depois de calorosos debates. Cinco passos atrás, Theo desliza pela tarde de verão no rastro do ministro. Ninguém presta muita atenção ao raramente visto *flâneur* e a seu apêndice que sonha acordado. Se esse evento fosse anunciado oficialmente, o público embasbacado logo estaria aos chutes e empurrões. Mas hoje, como ele não é esperado, muito menos em uma procissão tão insólita, nenhum dos milhares reconhece o estadista. "Nossa forma mais certeira de anonimato", escreve Theo em seu caderninho de aforismos, "é a memória fisionômica subdesenvolvida dos nossos semelhantes." Interrompendo de forma revigorante sua postura quase sempre decorosa, ele relaxa e coloca a mão esquerda com alegria na aba posterior do sobretudo, enquanto o braço direito balança bem feliz para a frente e para trás. A personificação do ministério do exterior está passeando bem diante do olhar investigativo de Theo. Um rapaz gentil ao lado do oficial fala avidamente para ganhar pontos com ele, enquanto se inclina de maneira confidencial demais, usando roupas exageradamente elegantes para que Theo o considere um subsecretário; deve ser o secretário pessoal. O que eles podem estar discutindo de maneira tão absorta? Detalhes de uma sessão de gabinete? Planos para uma nova iniciativa política? Uma curiosidade avassaladora faz Theo esquecer de manter distância. Sem querer, ele começa a andar mais rápido e seu braço quase roça no homem à sua frente. Seus ouvidos estão esperando segredos de estado. "Sim, meu caro", ele escuta o ministro dizer, "no fim das contas, este será um verão de verdade." Nada mais, uma longa pausa.

Decepcionado, Theo volta à posição inicial. Francamente, ele esperava mais. Não era necessário bisbilhotar a conversa de um ministro por causa de uma verdade tão banal. Em cada momento, em cada palavra, um político dessa estatura devia estar ciente da sua obrigação de estar focado em questões significativas. Mesmo assim, ele se consola sabendo que poderia ter sido pior. Afinal, pelo menos ouviu uma frase inteira. Uma declaração, até mesmo. "Verão de verdade." Até então, isso não era nem um pouco certo. Agora, tornou-se um fato. Ele ouviu da melhor fonte. Uma fonte oficial, pode-se dizer. Sentindo-se melhor com aquilo tudo, Theo decide esperar. Afinal de contas, não tem nada a perder investindo mais alguns minutos. Seus pensamentos giram ao redor da experiência, e ele começa a processar a cena. *Um ensaio geral para o relatório no café. Aqueles olhares invejosos... O ministro logo me reconheceu, solicitou que eu o acompanhasse. Ostensivamente, apenas o papo convencional sobre o clima. Mas com uma pauta oculta. Meteorologia e política. Eu ficarei seco e aquecido, logo o conflito russo-inglês terá que...* Uma chuvarada repentina faz Theo voltar para a realidade. Ele corre, procurando abrigo em um corredor para manter sua roupa fina seca, enquanto o ministro, descartado de forma tão precipitada, se esquiva de qualquer complicação fugindo da cena.

Berliner Börsen Courier, 7 de julho de 1927

Entrevista com uma bruxa
A MAIS NOVA PROFISSÃO DAS MULHERES

O cartão na minha frente, com uma delicada inscrição em placa de cobre e fonte refinada, me pareceu quase incompreensível: *Magda C. oferece seus serviços de execução de missões metafísicas*. Missões metafísicas? O que é isso? Comunicação com os mortos, questões mediúnicas? Magda C. era uma médium usando o caminho da ciência espiritual? O que ela fazia? Quem ela era e qual sua aparência? Em todo caso, isso poderia abrir uma portinha escondida no reino das maravilhas, fria e impassivelmente. À primeira vista, Magda C. não era uma pálida teosofista à beira de êxtases constrangedores. O design moderno do cartão de visita deixava isso bem evidente. Uma objetividade clara transparecia, um treinamento nos métodos de atendimento das demandas modernas. Liguei para ela e a convidei para uma visita.

Uma moça jovem, bem-vestida e de aparência ilustre apareceu, sentou em uma poltrona e começou: "Eu sou Magda C.; meu sobrenome não importa. Fica evidente para mim, é claro, que você é incapaz de imaginar qualquer coisa específica em relação a missões metafísicas. Meu campo — ou, se me permite, minha profissão — requer uma breve explicação. Sem dúvidas você sabe que estamos vivendo em uma era de mentalidade metafísica, apesar de toda a conversa sobre um crasso materialismo e afins...".

"Com certeza! Mas será que a senhorita pode me dizer logo de cara, sem qualquer introdução especial, no que consistem suas missões metafísicas? O que a senhorita faz na prática?"

"Eu desejo", ela disse simplesmente. "Nada além disso. Aceito comissões de abastados para fazer desejos. Desejos, quando intensamente cultivados, intervêm no curso dos eventos. Desejos têm poder. Mas a maioria das pessoas é impotente, ou letárgica demais, para desejar por contra própria. Eu me disponibilizo para pessoas assim por um preço moderado e ofereço meu poder desejante testado e aprovado. Incluo seus desejos na minha agenda e desejo por elas, intensa e confidencialmente. As pessoas ficam aliviadas, a depressão se esvai de suas almas, elas podem ir ao teatro, a concertos, a bailes, com a sensação reconfortante de que seus problemas, seus desejos, estão sob os cuidados de uma profissional experiente..."

"Então, o que você deseja, madame? Talvez alguns exemplos."

"Na maior parte, morte e destruição", disse ela com um sorriso amigável. "Perda de recursos, perda da visão e um pouco de dano. Para uma pessoa, desejo que alguém fraude um negócio, para outra desejo uma doença de pele inofensiva, mas irritante. Os desejos, principalmente para clientes do sexo feminino, são bem elaborados. Perda de uma joia, perda de cabelo, rápido ganho de peso — pense nisso como meu ganha-pão. Existem pessoas que leram livros de magia mais antigos, que treinaram com Eliphas Lévi ou Papus e que, consequentemente, aderem a um cerimonial estrito. Não acredito muito nisso, mas deixo-as se divertirem. Elas me dão fotos de seus inimigos, me instruem a furá-las com uma agulha de ouro ou a colocar uma praga em estátuas de cera que simbolicamente representam seus adversários. O ponto principal continua sendo a concentração, o foco diretamente no objetivo."

"E você é bem-sucedida? Quero dizer, seus desejos se tornam realidade, aliás, os desejos de seus clientes? Você consegue se sustentar com essa estranha profissão?"

Ela fez um gesto amplo e elegante com a mão. "Olhe a seu redor! Você não vê um monte de gente nas ruas falando sozinha em voz alta, gesticulando com as mãos? O que essas pessoas estão fazendo? Estão desejando. Fervorosamente!

Ardentemente! Desejando morte e destruição, infelicidade e desespero. Elas acreditam no poder destrutivo de seus desejos, se consolam com isso e ganham coragem para enfrentar a vida. Você não acha que essa é uma necessidade vital clamando por gratificação? Que pode ser o foco de um negócio adequado? E as mulheres que leem a sorte usando cartas? Isso não é diferente. Em épocas passadas, as pessoas ficavam contentes só de amaldiçoar o leite de uma vaca ou de colocar um feitiço nas plantações. A vida agora é multifacetada; as oportunidades se expandiram. Você tem o comércio, a indústria, a economia monetizada. Mas a alma humana continua essencialmente a mesma. Você pode me chamar de bruxa moderna se quiser..."

Ela pegou um estojo e um espelho e aplicou um pouco de ruge nas bochechas.

"Você não vai acreditar em tudo isso", ela continuou, "mas o que estou dizendo é a mais pura verdade. Aproveitei bem as chamadas fendas da alma. Da primeira vez, foi uma piada, um capricho. Em uma reunião, ofereci meus serviços de brincadeira, desejando em nome de um magnata muito ocupado que seu inimigo sofresse um acidente de carro. Dois dias depois, aconteceu. O boato se espalhou. Pessoas que eu não conhecia apareceram do nada em meu apartamento e com cautela começaram a falar sobre o acidente. Me disseram que eu havia sido recomendada, que gostariam... se possível... influências ocultas... missões metafísicas. Eu sabia o suficiente. Hoje, sobrevivo disso."

"E sua consciência?"

"Acusações criminais nunca colariam. Bruxaria não é mais considerada crime em nossa estranha era iluminista, embora eu acredite que, em tempo, uma cláusula sobre essa questão

terá que ser reintegrada ao código penal. E, na teoria, o efeito é o mesmo independentemente de quem está desejando, eu ou o cliente. No fim das contas, a coisa toda se resume ao que você acredita..."
"A senhorita poderia me mostrar uma lista de seus clientes?"
"Não, a confidencialidade me proíbe de fazer isso. Mas você ficaria chocado com o tipo de gente que procura meus serviços. Pessoas que ocupam posições proeminentes na vida pública. Pessoas do setor bancário que usam meu poder para transações difíceis e complexas. Grandes empresários que querem que eu deseje o sucesso de seus novos produtos. Toda segunda-feira, sou convidada a visitar o gerente-geral de um grande grupo industrial, que acredita piamente em meus poderes sobrenaturais e faz uso deles para todos os seus negócios. Você está cético, impressionado, boquiaberto. Mas em duas ou três semanas tenho certeza de que também estará em minha lista de clientes. Não resista! Não há por quê. Você mudará de ideia. Eu sei. Faz muito sentido hoje em dia, combina bem demais com as atuais condições psicológicas das pessoas, com a situação como um todo. A bruxa moderna é um sinal necessário de nossos tempos..."

Essa moça jovem, atraente, elegante e muito sofisticada realmente existe. Eu conversei com ela de verdade, ela se sentou em meu apartamento, falando como se isso fosse a coisa mais natural do mundo. E acho que vale a pena reforçar, por razões históricas e culturais, que uma bruxa foi capaz de se estabelecer em 1927 e ter sucesso suficiente em sua profissão para viver com grande conforto. As roupas dela com certeza eram de uma butique de primeira.

Berliner Börsen Courier, 23 de outubro de 1927

Grock, o homem que faz o mundo sorrir

Um homem deprimido vai a um médico famoso e conta seus contos de aflição. O doutor lhe dá este conselho: "Vá ver o palhaço Debureau — se ele não o fizer rir, você é uma causa perdida". O homem balança a cabeça. "Não posso ir ver Debureau; eu *sou* Debureau!"

Suas calças em xadrez cinza são tão largas que ficam boiando nele como um cachecol solto, ele está suando tanto que a maquiagem escorre das têmporas e do nariz, seus sapatos ridiculamente grandes parecem pesados como chumbo, suas costas são curvadas. É assim que Grock entra no camarim — um velho triste.

Lá fora, milhares de mãos estão aplaudindo, o som das risadas pode ser ouvido daqui. Grock foi ovacionado doze vezes, e flores, tantas flores.

Grock, o homem, se joga em uma cadeira no canto e respira com esforço. Eles limpam o suor do rosto dele. Não consegue mais deixar os olhos abertos; os refletores de chão o cegaram a esse ponto. O fotógrafo que está esperando há uma hora pede que ele pose. Grock puxa os lábios, que estão pintados de preto, em um esgar tão largo que eles quase encostam nas orelhas, e então dá um sorriso para a lente. Acho que pega no sono durante a sessão de fotos. Mas ele não tem coragem de dizer: seja rápido, já chega de risadas, preciso ir para a cama!

Grock, o palhaço que precisa fazer o mundo rir, quer ir para a cama, ele não quer continuar posando, ele não quer sorrir, ele quer dormir!

Bienna é uma pequena cidade de colonização alemã na Suíça. Fábricas de relógios, artesões de relógios, designers de mostradores de relógios, fabricantes de ponteiros de relógios. E um café, o Zum Paradies, pertencente a Herr Wettach, ao filho e à filha. O negócio do café anda de mal a pior, as pessoas de Bienna trabalham demais. Então, o que Karl, o filho de dez anos, faz em relação a isso? Ele faz performances no café do papai, malabares com cheesecakes e garrafas de cerveja, toca gaita e conta a piada sobre o hipopótamo e a máquina de costura. O café agora fica cheio todas as tardes, porque sua irmã também se tornou uma artista amadora, dançando na corda esticada entre o buffet e a chapelaria. Wettach tem filhos talentosos.

Mas os dois desenvolvem um apetite pelo picadeiro, fogem, encontram um lugar para eles no circo, viajam pelo mundo. Ainda assim, Karl Wettach está longe de ser Grock. Primeiro ele levanta pesos pesados, depois toca clarinete, depois desiste dessa carreira e se torna professor de idiomas. Volta para o circo. Sucessos, sempre os sucessos. E quando você se dá conta ele já é Grock, o ditador palhaço, o homem com a agenda cheia pelos próximos três anos — e com pagamento garantido.

Há dezoito anos, Grock estava em Berlim. Veio do Zirkus Schumann, foi para o Wintergarten. Parceiro: Antonet. Então o que aconteceu? Antonet e Grock foram um fracasso, porque há uma enorme diferença entre o palco e o picadeiro. Antonet e Grock refizeram o ato, e uma semana depois — junto com Reutter — eram uma entre as duas maiores atrações de Berlim.

Seu nome é Grock, e esta é a razão: Brick, um palhaço musical muito popular, perdeu seu parceiro, Brock, quando Brock faleceu. Ele então procurou um novo parceiro. Encontrou Karl Wettach. Eles assinaram um contrato. Mas Brick e Brock soava tão bem que Brick pediu a Wettach para ser Brock. Wettach não queria, já que nunca se adorna com plumas emprestadas. Ele escolheu Grock. O nome continua até hoje.

Com quais acessórios Grock trabalha? Ele toca piano, saxofone, miniviolino e acordeão. Ele sabe dançar um pouco, sabe fazer malabares um pouco, consegue fazer algumas acrobacias.

Isso é tudo.

Existem artistas que conseguem apresentar todas essas esquisitices com muita humanidade. Mas não existem artistas que fazem comédia tão profundamente quanto Grock. Ele é um *palhaço de alma*, um palhaço metafísico, por assim dizer. Nenhum artista consegue replicar isso, nenhum.

Exceto um: Chaplin.

Chaplin e Grock são dois irmãos brilhantes. Em algum lugar, no âmago deles dois, suas individualidades se conectam.

Diz-se de Mark Twain que, ao engendrar suas espirituosas histórias na cama, ele sempre chorava, e que Saphir inventava suas melhores piadas durante passeios pelo cemitério de Viena. Chaplin lia filosofia grega.

E Grock, o palhaço, tem cabelos grisalhos e um rosto *tããão* triste.

O único que poderia entreter Grock é Grock. Grock riria até chorar de Grock.

Berliner Börsen Courier, 2 de novembro de 1927

Dez minutos com Chaliapin

Que comoção.
Uma centena de camareiros. Elevador subindo, elevador descendo. Todo o alto escalão da gerência. Todas as pessoas da indústria cinematográfica. Canetas-tinteiros arranhando sem parar. Câmeras usando placa atrás de placa. Uma câmera aponta, tão ameaçadora quanto um canhão. A mão pesada de um corpulento cartunista está tremendo. Todo mundo está suando.
Meu Deus, meu Deus.
Apenas um bando de gente: um gerente que parece Feodor Chaliapin, e um Chaliapin que parece ser um lutador peso-pesado.
Apenas a cabeça dele. Uma cabeça boa, agradável, nobre. Parada. Como o Volga (uma moça baixinha e enrugada, apesar da sua juventude, disse a mesma coisa no corredor, apertando com paixão um volume de Turguêniev contra o casaco de pele persa e de certa maneira tratando suas palavras como uma ideia para o primeiro tema).
Mas Feodor: uma jaqueta de lã quentinha sobre a voz de baixo mais cara do mundo; gravata verde, a fita vermelha da Legião de Honra na lapela; ele bebe xerez e fala o francês mediano de quem nunca saiu do nível iniciante; seu cabelo é loiro como linhaça; o charuto que ele fuma parece ser o melhor dos importados, o peito largo de Chaliapin inspira a fumaça profundamente, até demais; os fãs do cantor estão começando a encarar.
Do fogo cruzado que chega até ele, o qual tolera com paciência, como um profissional, aprendemos:
Que Feodor Chaliapin nasceu em Cazã, no Tartaristão;

Que seus pais, simples agricultores, trabalhavam na terra e tinham um caloroso *pechka*, um forno na frente do qual o jovem Feodor sonhava com Nevsky Prospect e com a mãe ibérica de Deus;

Que Chaliapin entrou para um coral masculino pela divina providência e que nesse posto ele ganhava nada menos que um rublo por mês;

Que Feodor, que já era apaixonado pelos palcos com meros doze anos, viajou pelo interior da Rússia aos dezessete como um velho engraçadinho em uma ridícula opereta;

Que em Tiflis, no Cáucaso, Chaliapin finalmente se dedicou plenamente ao treinamento vocal, enquanto seu professor, Usatov, não poupava esforços nem custos para domá-lo;

Que, do nada, Feodor foi contratado para se apresentar em Petersburgo e em Moscou na Ópera Imperial, e o resto foi um mar de rosas.

"*C'est ma vie*", Chaliapin declarou, fazendo um brinde a cada ano de seu desenvolvimento, recontados tintim por tintim por ele com um gole de xerez; hoje ele tem 52.

Nunca soube que tantas perguntas pudessem existir. Que nome a tia de Chaliapin teria dado ao filho dela se dependesse dele? E a natureza infinita da arte? Não é hora de endireitarem a Torre de Pisa? O pagamento, quanto? E por aí vai.

Ele falou pelos cotovelos sobre Toscanini e Rachmaninoff e outros. Mas Wagner, por outro lado, não era para ele, sabe...

A conversa chegou na Rússia Soviética. Chaliapin não pisava lá havia cinco anos. Os da direita queriam provas contundentes de que ele era contra sua terra natal. Os da esquerda se agarraram em todas as coisas positivas que Chaliapin tinha a dizer sobre Moscou.

Me pareceu que Feodor celebrava seus irmãos com fervor, porém, de longe. Mas não dei minha opinião.

Só comeu caviar, genuíno caviar de Astracã. Desceu as escadas e assoviou suavemente — por reverência, suponho — a canção burlak "Ej Uchnem" [da Canção dos Barqueiros do Volga]. *Da svidania, gospodin* Feodor!

Berliner Börsen Courier, 12 de novembro de 1927

Claude Anet em Berlim

Ontem conheci Monsieur Claude Anet na Esplanada e tenho que dizer que não sei o que vocês querem dele; eu o acho muito sério.

Quando toquei no assunto Anita Loos, o *Os homens preferem as loiras* dela, pensei ver uma ruga se formando na bela testa de Claude Anet; ele não gostou do fato de eu colocá-lo no mesmo balaio que Dekobra e outros autores populares. Ele está certo, é claro, porque o negócio dele é a literatura, e ele leva isso muito a sério.

Não devemos, é claro, interpretar isso do jeito errado. Anet não é o homem das letras que julgamos que seja. Um dos assuntos sobre os quais conversamos foi o romance alemão, mas, que pena, Anet só tinha isto a dizer, de maneira extraordinariamente charmosa, é claro, que, tirando Goethe, ele só conhece um único alemão: dr. Peltzer, que viu correndo no Stade de Colombes, e que foi simplesmente *formidable* como o alemão era mais rápido que Séra Martin.

O entusiasmo de Anet pelo esporte é emocionante. Afinal, ele mesmo foi campeão francês de tênis por anos! E colocou Suzanne Lenglen, a rainha do tênis, em um pedestal. Esportes e mulheres são dois assuntos que o interessam na mesma medida.

Anet, francês e de descendência nobre, nasceu no lago Geneva, estudou na Sorbonne, em Paris, e ganhou seu diploma de professor, apesar de nunca ter praticado a profissão. Ele escreveu. Quando um francês escreve, escreve sobre o amor, em cem de cem vezes. Passou um tempo na Rússia como correspondente do *Petit Parisien*, e, apesar de haver uma revolução em curso, encontrou tempo para se apaixonar perdidamente por uma russa. Foi ali que escreveu *Ariane*, que tornou Anet famoso. Ele continua escrevendo sobre amor e mulheres; só Deus sabe que ele nunca fica sem material. Mas seu amor pelas mulheres é correspondido; *Notes sur Amour* está nas mesas de cabeceira das madames em Londres e em Praga, em Paris e em Berlim.

Deixarei as palavras finais na conta do próprio Claude Anet: "O conquistador desaparece depois da sua vitória. Então as mulheres amaldiçoam a hora em que ele nasceu, mas elas se arrependem não da sua chegada, e sim da sua partida."

Berliner Börsen Courier, 25 de novembro de 1927

Na casa da mulher mais velha de Berlim

Frau Auguste Richter, Berlim-Moabit, Birckensrt., n. 30, está celebrando seu aniversário de cem anos hoje. O juiz de Berlim, Zörgiebel, o chefe da polícia de Berlim e vários outros oficiais apareceram em sua função para dar os parabéns.

A aniversariante que é objeto de tanta animação em Moabit hoje, sendo o centro de todas as conversas e recebendo flores e presentinhos cordiais, está deitada em uma cama branca como a neve, a boca desdentada em um sorriso, colocando os olhos pequenos e avermelhados, mas alertas, em cada intruso como se dissesse: estou feliz que você esteja feliz que hoje é meu centésimo aniversário.

Eles colocaram centenas de coisas no quarto da Frau Richter: xícaras de porcelana, um café puro de verdade, lenços de renda, chocolates, doces, livros de orações com capas de marfim e um cachecol de seda. A porta de Frau Helene Wendlers, a filha da mulher que faz cem anos, não para de abrir, e todos estão ali para ver essa maravilha: a mulher mais velha de Berlim.

Frau Auguste Richter é, na verdade, uma exceção na sua família. Seu pai viveu "apenas" até os 65, sua mãe "apenas" até os 84. Ela passou a vida inteira em Moabit, onde também nasceu. Ela tem uma irmã em Berlim com longos 88 anos, e pode estar no caminho para bater o recorde de Auguste.

Os netos brincam de ciranda ao redor da cama da avó de cem anos, enquanto ela sorri, tira as mãos debaixo do cobertor — mãos finas de cor de cera, cheias de rugas mas ainda fortes — e bate palmas no ritmo da música. Lá embaixo, no pátio, alguém toca no violão:

Nunca mais nos encontraremos tão jovens
Nunca mais será tão maravilhoso...

Berliner Börsen Courier, 9 de dezembro de 1927

Felix Holländer
EM SEU ANIVERSÁRIO DE SESSENTA ANOS

Quem está fazendo sessenta anos é Felix Holländer, que se juntará a essas fileiras amanhã, em uma série de marcos da geração outrora chamada de "naturalista", que começou com Gerhart

Hauptmann, Max Halbe e Otto Erich Hartleben. Holländer foi um dos primeiros da fila. Sua carreira começou no jornalismo, lidando com a inquietude dos dias de um jeito que exigia a mais afiada vigilância. Como Hauptmann, ele é silesiano. Em um de seus melhores romances, retratou a esfera patriarcal de classe média do seu lar de infância, e em *Traum und Tag* [*Sonho e dia*] ilustrou a natureza e as vilas do Riesengebirge.

No início dos anos 1890, ele se tornou romancista em Berlim. O colapso de um banco, o Unter den Linden, foi o tema do seu *Sturmwind im Westen* [*Tempestade no oeste*], retrato social emoldurado por um olhar atento aos eventos atuais, um dos primeiros livros a capturar as mudanças bruscas que ocorreram durante esse período de transição, suas crises e sensações. Depois, Holländer escreveu *Jesus und Judas* [*Jesus e Judas*], um romance sobre o movimento socialista. E, no fim da década, seu principal romance de desenvolvimento pessoal, *Der Weg des Thomas Truck* [*O caminho de Thomas Truck*], recapitulou tudo o que estava sendo debatido entre intelectuais.

Thomas Truck, que anseia carregar nos próprios ombros todo o peso do mundo e cujo idealismo fora seduzido e ludibriado pela sensualidade da esposa de um milionário do bairro Tiergarten, conhece uma garota da classe trabalhadora em uma reunião do Exército da Salvação. O suicídio dessa pobre alma, que chegou ao fundo do poço, o inspira a reconquistar sua liberdade. No grupo boêmio que se encontra no "Nachtlicht", ele se sente atraído por todo tipo de inclinação revolucionária e encontra o equilíbrio tão desejado em um Cristo tolstoiano. Esse romance já garantiu seu lugar na história dos romances que retratam a era entre 1900 e o presente.

Depois disso, Felix Holländer continuou sendo um dos escritores mais lidos, com frequência impressionando seus leitores com os toques certeiros concedidos a seus personagens e sempre com a nervosa arte da tensão, como em *Der Eid des Stephan Huller* [*O juramento de Stephan Huller*], que se passa no *milieu* de acrobatas de um show de variedades, e em *Der Tänzer* [*O dançarino*], seu romance fantasticamente bem construído sobre um vigarista.

Sua incursão na dramaturgia resultou em apenas uma peça, *Ackermann*, que coescreveu com Lothar Schmidt e que fez sucesso nos palcos com Emanuel Reicher no papel principal. Mas ele sempre nutriu um amor secreto pelo teatro. Foi atrás desse amor quando Max Reinhardt trabalhou em Berlim, abordando-o como dramaturgo e diretor, e por muitos anos Holländer foi a energia por trás da operação, com uma vitalidade e uma resistência tremendas que só aumentaram com o passar do tempo. Quando Reinhardt deixou o Teatro Deutsches, Holländer assumiu a direção e continuou nesse posto durante o caos dos anos pós-guerra até o pior ter passado e ele poder novamente colocar o teatro nas mãos de Reinhardt. Agora está novamente na cadeira de crítico de teatro. Além disso, fez um trabalho excelente como produtor.

Talvez, a essa altura, Holländer já tenha pensado em escrever um livro de memórias. Ele sempre esteve no centro de todas as confusões. Seria interessantíssimo, com certeza, se descrevesse uma parte de sua jornada, pois ela retrataria não apenas questões pessoais, mas uma era turbulenta na história de Berlim.

BZ *am Mittag*, 31 de outubro de 1927

O estadista mais velho entre os críticos de teatro de Berlim
SOBRE A MORTE DE ALFRED KLAAR

Alfred Klaar, o estadista mais velho entre os críticos de teatro de Berlim, que morreu dois dias antes de completar seu septuagésimo nono ano de vida, nasceu em solo praguense, assim como Fritz Mauthner. Lecionou na academia Deutsche Technik, onde adquiriu o título de professor, e trabalhou como crítico de teatro para o *Bohemia*. Ele era um ponto central da vida intelectual da cidade, e foi lá que fez seu último discurso em alemão ao ar livre durante uma comemoração de Schiller. Até hoje há uma foto de Klaar pendurada nas salas da Concordia, a associação de escritores de Praga, para a qual ele organizava palestras. Na foto, vemos um indivíduo de barba escura, gentil e absorto.

Como crítico, Klaar abraçou a estética do idealismo. Para ele, o drama clássico alemão era o eterno ponto alto; escreveu longos ensaios sobre *Maria Stuart* e resenhas em forma de capítulos. Já que se sentia em casa na esfera cultural austríaca, teve uma exposição precoce ao mundo de Ludwig Anzengruber, e com cada geração ele progredia para a próxima.

Sua melhor característica era a paciência com que se adaptava a tendências que certamente não lhe eram familiares. As críticas escritas por ele no fim da vida eram gentis e bem-intencionadas. Viu de tudo durante as várias décadas como profissional, começando em Praga, no Teatro Alemão de Angelo Neumann, onde se juntavam como convidados os intelectuais do norte da Alemanha e da Áustria e que catapultou muitos futuros gigantes da área ao sucesso. Ele tinha uma visão abrangente de talentos e tendências e, além da sua capacidade de reconhecer os pontos fortes de cada indivíduo, era bem familiarizado com sua habilidade de ser um patriarca.

Quando Klaar se mudou para a capital do Império Alemão com Paula Eberty, uma atriz berlinense que trabalhou com Else Lehmann, ele escreveu para o *Berliner Neueste Nachrichten*, depois para o *Vossische Zeitung*, o jornal de Theodor Fontane e Paul Schlenther. Continuou trabalhando incansavelmente até ficar enfermo, e participou de todas as estreias, usando um fraque preto mal abotoado, um senhor amigável com olhos brilhantes e sérios. A Associação dos Críticos de Teatro de Berlim recentemente o nomeou presidente honorário.

De todos os livros de Alfred Klaar, um se destaca como a expressão completa de sua personalidade. Seu título é *Wir und die Humanität* [*Nós e a humanidade*]. Esse historiador literário, que também escreveu sobre a filosofia de Spinoza, era humanitário até o fundo da alma. Uma das suas últimas publicações foi um estudo de *A marquesa de O*, de Heinrich von Kleist. Era um orador altamente entusiasmado, com uma memória impressionante. Qualquer um que o tenha ouvido falar sobre alguém como Uriel Acosta por mais de uma hora sem anotação alguma conhece sua integridade e sua postura ética. Sua maestria exigente em relação ao mundo garantirá a devoção das pessoas à sua figura por muitos e muitos anos.

BZ *am Mittag*, 5 de novembro de 1927

A moça do BZ e o príncipe da Coroa alemã

Às duas em ponto, Schappel entra no restaurante Taubenschlag na Behrenstrasse, se instala no canto, se espalha na mesa redonda

na parte de trás e ajusta seu chapéu, fazendo as letras latinas amarelas bordadas B e Z, o famoso acrônimo do jornal, ficarem diagonais na sua testa, e, enquanto Frau Schappel tira uma boa quantidade de trocado do bolso do casaco com a mão direita, ela pressiona o largo dedão esquerdo contra a narina esquerda, atravessada por toda uma rede de finas veias vermelhas como rios em um mapa, ao mesmo tempo que exala uma golfada de ar pela outra narina. Essa é a maneira de Frau Schappel regular o ritmo de sua respiração. Depois, levanta a cabeça levemente e grita na direção do bar: "Erna, uma xícara de café!".
É assim há 25 anos. Erna serve quatro copos de café por dia para Frau Luise Schappel, o que dá quatro vezes vinte e cinco, ou seja, 100 vezes 356, 36 500 cafés, e aí os anos bissextos precisam ser somados e os domingos e feriados subtraídos. Nesses dias, Frau Schappel não vende o BZ; ela fica deitada na cama, na Brunnenstrasse, até as três da tarde, ventilando as cordas vocais, e só de vez em quando as palavras irrompem, quando Frau Schappel discute com o marido sobre de quem é o recorde de vendas da revista. "Ele também vende jornal agora. Precisava de um recomeço, considerando que já foi um comediante radical, sim, isso mesmo. Ele tem o mesmo nome do Stresemann."
Gustav?
"Nah, Gus. Mas ainda é um iniciante. Faço isso há 25 anos, comecei em 1904. Até 1904 eu vendia flores na Unter den Linden. Quem ainda compra flores, eu te pergunto? Você conhece a loja do barbeiro Gilbert na esquina da Exerzierstrasse com a Kanonierstrasse, eu nunca saí dali. Sabe, faça chuva, sol, neve, tempestade. Quanto está fazendo hoje? Sete graus. Isso não é nada. Em 1917 estava 21 graus, mas

meu lencinho congelava na minha cara, em 1910 quase perdi a cabeça e desmaiei, e no outono a gente nunca fica seco. A gente lida com tanta besteira só para deixar vocês informados." Novamente, Frau Schappel pressiona o dedão contra a narina esquerda, emitindo um tipo de estrondo, o som que um saxofone quebrado faria. Depois de um bom gole de café, ela começa a arrumar a pilha de dinheiro com a ponta do indicador, que espreita para fora da surrada luva preta; seu dedo e a luva são exatamente da mesma cor: os meio *groschens* com os meio *groschens*, os *groschens* com os *groschens* e os marcos com os marcos. Sempre que ela encontra uma moeda de três marcos, balança a cabeça pesada e diz: "Na minha época eu ganhava um táler!", e todo mundo na Taubenschlag sabe instantaneamente o que vem aí.

Eis a história do príncipe da Coroa e do táler:

Era 1914, em abril ou maio, nenhum sinal de guerra ainda, quando ele chegou de carruagem, dos escritórios do comando geral na Leipziger Strasse, passando pela Behrenstrasse, até o castelo. Sentado ao lado dele estava seu assistente, Mühlenberg, Mühlenreich, Mühlendorf ou algo assim. Frau Schappel viu a carruagem se aproximando, reconheceu o príncipe da Coroa e começou a balançar os jornais, do jeito que Robinson balançou sua camisa quando viu o primeiro navio passando por sua ilha.

Então a coisa ficou ainda melhor: o príncipe da Coroa parou — juro pela minha honra — bem na frente da Frau Luise Schappel, o assistente deu ao príncipe da Coroa um táler, o príncipe da Coroa deu o táler para Frau Schappel e Frau Schappel deu a ele um BZ, parada ali tremendo de medo, se sentindo mal, gaguejando: "Muito obrigada, Sua Alteza, príncipe da Coroa!". O príncipe da Coroa lhe deu um belo aceno, e a carruagem desapareceu. Esse padrão se repetiu todos os dias.

Frau Schappel tinha sido instruída pelo assistente, que ia ao Gilbert se barbear, a não chamar o príncipe de "Sua Alteza, príncipe da Coroa", mas simplesmente de "majestade imperial", e que ela precisava "mostrar vivacidade". Nossa Lieschen queria muito mostrar vivacidade, mas, infelizmente, quando ele aparecia, Frau Schappel ficava vermelha como um tomate e sempre dizia: "Sua Alteza, príncipe da Coroa".

Sim, esses foram bons tempos para Frau Schappel. Ela sabia que ele comprava o jornal "só por diversão", porque "nunca nem lê", certamente ele ia diariamente até a Behrenstrasse só por causa dela, Frau Schappel nem estava interessada no táler. Mas ela logo descobriu que não, ele não ia até lá só por causa de Frau Schappel: no número 58, o endereço da Seguradora Friedrich Wilhelm, as telefonistas faziam fila nas janelas, dia após dia, arrumadíssimas, animadamente esperando por ele.

Frau Schappel agora sabia por que ele comprava o jornal com ela todos os dias: sua banca era bem na frente das janelas onde cinquenta garotas com rostinhos corados se penduravam como uvas maduras. Frau Schappel já tinha quarenta anos. Ela estava tomada de ciúmes.

Bem, aí veio a guerra, e isso foi tudo.

Frau Schappel bebe o terceiro café de hoje, diz que os jornais da Bolívia e do Paraguai agora estão vendendo bem, fala sobre sua época de ouro, sobre o naufrágio do *Titanic*, sobre as primeiras semanas da guerra, sobre Fritz Haarmann e Charles

Lindbergh e Krantz e o dirigível Zeppelin. Enquanto isso, as gotas continuam caindo do nariz de Frau Schappel entre *groschens* e meio *groschens* bem arrumadinhos na mesa.

Der Querschnitt, segunda edição, fevereiro de 1929

Stroheim, o homem que amamos odiar

Seu nome é "Von", simples assim, e hoje em dia qualquer criança em Hollywood sabe quem é "Von". Erich von Stroheim era complexo demais. Eles pegaram o "Von" do nome e adoram chamá-lo apenas disso, como se quisessem ostentar as três nobres letras neste playground para novos ricos, já que pronunciam "Von" como "um". E se um novato de Hollywood perguntar: "Por que você chama Stroheim de 'um'?", a resposta é: porque os estúdios só podem gravar um filme com ele antes de irem à falência.

Esta é a melhor coisa sobre Stroheim: há quinze anos, ele faz os estúdios quebrarem; há quinze anos, eles dão milhões para ele, sem parar; não falando nada depois que ele brinca com um filme por anos e desiste abruptamente, quando começa a achar aquilo um tédio; assistindo com paciência enquanto ele demora seis semanas para gravar uma única cena de amor, cujo comprimento, aqui entre nós, é de dez metros; pagando rios de dinheiro para as estrelas, os figurantes e os funcionários do estúdio, todo mundo perambulando sem fazer nada por um mês inteiro só porque "Von" ainda não está no clima certo.

Mesmo assim, eles se agarram a Stroheim — do jeito que se agarrariam a um cacto ou a um sino dos ventos decadente. Por respeito a suas habilidades singulares, as pessoas até aturam seus ânimos. Ninguém o solta. Talvez tenham vergonha de estarem cercadas de tanta sensatez. Mas agora temos Chaplin e "Von", dois gênios cheios de caprichos e manias — maravilhoso, não é? Como na Europa.

*

Stroheim veio para os Estados Unidos antes da guerra. Ele não diz por quê. Antigamente, era um oficial austríaco da ativa. Quando chegou a Nova York, precisou se adaptar: Stroheim estreou nos Estados Unidos como vendedor de papel mata-moscas em Newark. Alguns meses depois, estava equilibrando goulash no restaurante Little Hungarian, na infame Houston Street. Depois, colocou dormentes nas linhas de trem e fez vários bicos enquanto ia para o oeste, onde por fim se tornou balseiro em Lake Tahoe, no norte da Califórnia. No sul, apenas alguns quilômetros dali, por assim dizer, Hollywood estava florescendo e o dinheiro estava fluindo.

Sua ascensão pode ser resumida em poucas palavras. Uma empresa de cinema vai para Lake Tahoe. Stroheim se envolve, ganha dinheiro do jeito mais fácil possível, se sente atraído por esse negócio de câmeras, resolve se juntar ao grupo e vai para Hollywood. David Wark Griffith está no meio das gravações de um filme chamado *Old Heidelberg* [*Velho Heildelberg*]. O rosto de Stroheim combina perfeitamente: ele é um figurante, um estudante em uma fraternidade em duelo. Certo dia, há uma discussão no estúdio: Griffith não está contente com as medalhas. Stroheim se apresenta, esboça com competência genuínas medalhas Heidelberg e é promovido ali mesmo a conselheiro técnico, recebendo três vezes mais. Depois, Griffith o usa como ator em

Hearts of the World [*Corações do mundo*], no qual Stroheim faz o papel de um oficial alemão. Pela primeira vez, Stroheim cria um personagem impiedoso, o que marca uma posição contra a guerra e o militarismo muito mais contundente do que mil palavras. Nos Estados Unidos, um bordão acompanha o oficial interpretado por ele: *o homem que você ama odiar*. Na Alemanha, ele é chamado de vira-casaca, traidor, belicista.

*

Stroheim está na frente de Carl Laemmle, o todo-poderoso da Universal: *deixe-me fazer um filme, eu preciso de 5 mil dólares*. Um americano teria rido na cara dele: um figurante megalomaníaco! Laemmle é alemão. Ter um austríaco parado na sua frente fazendo planos, transbordando de entusiasmo com seu próprio talento — Laemmle sente a coisa pegando fogo. Ele oferece o dinheiro, os 5 mil dólares. E coloca mais 30 mil em cima disso. Esse foi o custo do primeiro filme de Stroheim: *Maridos cegos*. Stroheim edita o filme. Exibe-o para Laemmle. A tela de edição evidencia um material novo e original. Todas as convenções estão de cabeça para baixo. Tudo foi feito de um jeito diferente. Laemmle balança a cabeça: *Caro Stroheim, você está cinco anos à nossa frente!*

Mas ele volta a lhe dar dinheiro. Stroheim faz *The Devil's Passkey* [*A chave-mestra do diabo*] e depois *Esposas ingênuas*. Roteiro, direção, ator principal: Stroheim. Sempre um oficial, austríaco, russo. Sempre o homem que você ama odiar. *Esposas ingênuas* custa 1 milhão de dólares. Versões destruídas são exibidas em Berlim. O público ri. Stroheim continua sendo chamado de belicista, e agora também de idiota. Stroheim começa a trabalhar em *O redemoinho da vida* nos EUA, reconstruindo todo o Prater de Viena. A saudade de casa está acabando com ele. Então, como consolação, ele pode pelo menos recriar seu cenário... Não termina as filmagens. Deixa Laemmle e vai para a Metro-Goldwyn-Mayer. Grava *Ouro e maldição*. *Ouro e maldição* fica em cartaz por exatamente um dia no Ufa-Palast am Zoo. Nunca houve um escândalo cinematográfico tão grande em Berlim. As pessoas ficam horrorizadas que ele esteja cinco anos à nossa frente. Independente dos russos, usa o estilo russo antes de os próprios usarem. Ele prevê algo nos moldes de edição visual e montagem. Grava em associações. E expõe pela primeira vez: é assim que um casamento é de verdade, isto é um enterro. Sternheim? Não, esses são os personagens de George Grosz, suas brutais linhas de raciocínio escritas em suas testas. Eles fascinam Stroheim!

O primeiro sucesso de crítica de Stroheim foi com *The Merry Widow* [*A viúva alegre*]. Um sucesso de público também, o único. Seu penúltimo filme, *A marcha nupcial*, custou milhões. O desastre está se aproximando: eles chamam "Von", elaboram um contrato, ele jura por tudo que há de mais sagrado que não gastará mais que 500 mil dólares e que não demorará mais que três meses para gravar. Mas, no momento em que pega o megafone e se senta novamente na cadeira de diretor, esquece tudo isso. Não consegue não ser detalhista. Erich Pommer nos conta que ele leva seis semanas para gravar um beijo... As flores de limoeiro que precisam cair no casal que se beija não caem do jeito certo. Os produtores reclamam, mas continuam mandando dinheiro. Não é incomum "Von" pagar por uma refilmagem do próprio bolso, como um rico diletante! Milhares de metros são usados, ruas inteiras são construídas e depois demolidas. Chaplin — o eterno curioso, experimentador, crítico Chaplin — é a objetividade em pessoa em comparação com Stroheim. "Von" deixa o estúdio de pernas para o ar. No fim, um novo diretor é chamado, que termina de gravar o filme em uma corrida contra o tempo. Só preciso que fique pronto.

Mesmo assim, trabalhar com ele vale a pena. O último filme, *Minha rainha*, levou apenas dez semanas! Habilmente, o contrato é lido: Stroheim ganha 100 mil dólares pelo roteiro e pela direção. Mas o filme precisa ser finalizado em dez semanas, senão as filmagens adicionais serão pagas por Stroheim. E foi finalizado mesmo, um dia antes do prazo. Swanson interpretou uma madame em um bordel; dizem que o filme é magnífico (acidentalmente, *houve* um desentendimento depois: Stroheim se recusou a regravar um suplemento sonoro, pois via o Movietone com maus olhos. Tribunal com Swanson. Edmund Goulding, de *Anna Karenina*, grava a cena com som).

*

Stroheim é um homem pobre. DeMille, Griffith, Lubitsch não sabem o que fazer com suas fortunas. Murnau comprou um iate e quer passar um ano viajando entre o Japão e a Califórnia. Stroheim e a família vivem em uma casinha simples, e ele dirige um carro de quatro cilindros. O belo bobo de Hollywood.

Pessoas vindas de Hollywood contam que Stroheim quer voltar para casa, mas não tem coragem: como ele seria recebido na Alemanha?

Der Querschnitt, quarta edição, abril de 1929

Um artista do pôquer
A MAGIA DE FRITZ HERRMANN

Deve existir uma corporação dedicada a dar a este estranho homem a oportunidade de jogar pôquer uma única vez em Palm Beach contra Ford, Rockefeller, Vanderbilt: depois dessa vez a corporação terminaria sendo dona da Detroit Automobile Company e da maior fortuna do mundo. E, se você protestar dizendo que essa corporação estaria financiando um trapaceiro, preciso dizer que o homem — o gênio do pôquer — não teria nenhuma objeção a ser observado por vinte detetives em câmera lenta. Não conseguiriam nenhuma prova contra ele, nem mesmo se ele tivesse quadras ou *flushes* em todas as rodadas. Os olhos dos desconfiados observadores não conseguiriam acompanhar o ritmo com que ele exerce seus passes de mágica. É mais rápido e melhor do que qualquer pessoa no mundo dando as cartas. Mesmo que, aos setenta anos de idade — um marco atingido em março —, os dedos tremam um pouco.

Seu nome é *Fritz Herrmann*, Herrmann com dois *r* e dois *n*, e é o dono de uma delicatéssen no norte de Berlim. Crianças magras do bairro Wedding espremem o nariz sardento contra as vitrines, onde doces de framboesa estão alinhados, brilhando como uma miragem, bem longe do alcance delas. Também há sabão de roupas à venda, junto com vinagre e pepino em conserva com sementes de mostarda; no canto, há uma pirâmide empoeirada de cubos de caldo, bem arrumadinhos. A loja é gerenciada por Frau Herrmann; ele não está muito interessado. Sua profunda devoção é pela adega que fica embaixo da loja, uma coleção magnífica dos melhores rótulos, que Herrmann, como alguém que coleciona selos, adquiriu usando os proventos de sua magia. As famílias mais respeitáveis de Berlim repõem seus estoques aqui. O tio Herrmann tem os rótulos mais chiques e está especialmente orgulhoso dos vinhos austríacos: Vöslauer, Gumpoldskirchner, vintages agora disponíveis apenas em garrafas. O Monte Castello também não é ruim, um vinho tinto "misto", diz tio Herrmann: "ele não tem a secura do Bordeaux nem a doçura do vinho espanhol". Estamos sentados em uma sala de frente para o pátio, atrás da loja, e sempre que alguém entra na loja querendo comprar alguma coisa o sino toca, apesar de isso ser raro (qualquer simpatia pelo dono da loja deve ser descartada neste ponto: Herrmann é um homem podre de rico, que não está nem aí se vende ou não sabão para roupas; a loja é apenas uma diversão). São onze da manhã. Estamos jogando pôquer. O que há de melhor para fazer a essa hora? Comecei uma nova rodada e embaralhei as cartas minuciosamente. O lugar tem um leve cheiro de mofo, mas o Monte Castello é extraordinário. Dou as cartas embaralhadas para meu parceiro, que as segura entre dois dedos por meio segundo e depois as devolve para mim: "Você distribui!". Eu distribuo, uma para ele, uma para mim, cada um recebe cinco cartas. Ele nem olha para a mão que recebeu, serve mais vinho tinto e diz, de passagem: "Eu começo!". Coloco minhas cartas em uma pilha e as abro em leque, devagar e com elegância: outro rei, então, em todo caso, pelo menos uma trinca, não é uma mão de jogar fora. Continuo separando minhas cartas: um quarto rei!, e o nove de ouros. Tenho uma mão excelente, quatro reis. A única coisa que me venceria são quatro ases ou um *royal flush*, isto é, cinco cartas de um mesmo naipe em sequência. "Quantas você quer?", pergunto a Herrmann, que continua bebendo sem olhar suas cartas. "Nenhuma!" Céus, o que ele poderia ter? Um *full house*? Um *flush*? Uma sequência? Não, isso é muito pouco. Talvez um *royal flush*? Não consigo acreditar que ele teria tanta sorte. Troco uma carta só pela demonstração, examino-a com interesse, como se eu pudesse me deparar com um quinto rei. Agora me arrependi mesmo de não termos apostado dinheiro, eu teria aumentado a aposta — oferecido mais — até ele desistir. Mas já que não apostamos nem amendoins, revelo minha mão com uma risada. Até esse momento, ele nem tinha olhado suas cartas. Ele observa meus quatro reis e anuncia calmamente: "Muito pouco!". Devagar, ele vira as cartas dele: quatro ases. Ao segurar as cartas embaralhadas entre os dedos por aquele meio segundo, ele executou seu passe de mágica crucial. Os maiores jogos de pôquer em Berlim, aqueles cujos jogadores ainda não conhecem Herrmann, precisam ser avisados: ele pode roubar sua camisa. Por sorte, Herrmann não joga cartas; ele só joga *com* elas.

Na turma de 1874 do Colégio Görlitz, não havia nenhum estudante menos talentoso que Fritz Herrmann. Ele não levou o boletim para casa; em vez disso, levou-o para a fronteira com a Áustria, para um pequeno circo itinerante, onde encontrou emprego como pintor de pôsteres. O garoto aprendeu a fazer acrobacias no chão e no ar, apesar de não ser nada bom naquilo. Aos dezesseis anos, foi para Viena e se tornou aprendiz de Kratky Baschik. Todos que conhecem o Prater em Viena sabem que uma cabine com o nome de Kratky Baschik existe até hoje. Herrmann aprendeu muito com seu mentor e recebeu trinta kreuzers pela apresentação; isto é, prometeram a ele essa quantia, mas ele acabou recebendo cinco. Baschik tinha um problema nos pulmões e precisou se aposentar. Herrmann o substituiu.

Ele sempre havia sido um bom orador e, observando as técnicas do gordinho Baschik, havia se tornado um mágico ainda melhor que seu mentor. Os mestres e os serventes aplaudiram-no com entusiasmo, seu sucesso cresceu, um bom público apareceu e, certo dia, apareceu também Herr Rosenbaum, que contratou Herrmann para o recém-construído "Veneza em Viena" por cinquenta guldens por noite.

A alta sociedade estava na plateia todas as noites, e Herrmann construiu uma boa reputação. Até foi convidado para o Hotel Sacher, onde alguns cavalheiros desejavam uma apresentação particular. Herrmann foi até lá com três pardais no bolso esquerdo, os quais ele carregava há meses. Ele havia capturado os pássaros no Hauptallee, mortos de fome, e os treinado com um regime preciso para que voassem e voltassem quando ele assobiasse. As pessoas aqui pareciam bem refinadas. Uma delas apontou para um prato com três tordos assados e disse: "Se você conseguir trazê-los de volta à vida, pode ficar com meu relógio de ouro!". Herrmann colocou um tordo na mão e habilmente o trocou por um pardal, que saiu voando. A vida voltou aos outros dois pássaros da mesma maneira. Herrmann ficou com o relógio e, já que havia entretido os cavalheiros de maneira tão agradável, também ficou com mil guldens. Como depois descobriu pelo garçom, o homem do relógio era o rei Milan da Sérvia e os outros cavalheiros eram o barão Rothschild, o barão Springer, o arquiduque Ferdinando e o arquiduque Este.

Depois de estar em tão refinada companhia, Herrmann não quis saber de outra coisa. Passou quarenta anos viajando por todos os cantos do mundo, sempre oferecendo entretenimento de primeira linha para pessoas da primeira classe. Ficou na corte do sultão de Constantinopla por sete anos. Aceitou uma tarefa de Ballin, um proprietário de navios, para ir e voltar dos Estados Unidos uma dúzia de vezes com o objetivo de pegar um trapaceiro que estava tirando todo o dinheiro dos passageiros americanos no pôquer — ninguém conseguia descobrir seu truque. Herrmann precisou de doze viagens para isso: o homem, um oficial austríaco, sempre tinha uma tabaqueira dourada na sua frente durante os jogos. A tabaqueira era opaca de um lado e brilhante do outro. Quando o oficial dava as cartas, ele segurava o baralho por cima do lado brilhante e assim conseguia ver as cartas dos parceiros: se não visse o coringa no baralho, ele o tirava da manga, preparado para esse exato propósito. Herrmann colocou um ponto-final no jogo desse amável sujeito.

Agora com setenta anos, ele é sem dúvida o maior ilusionista de cartas do mundo. Recusa todas as propostas de trabalho em shows de variedade. Ele se apresenta somente em reuniões particulares com anfitriões que podem oferecer a ele mil marcos por duas ou três horas de trabalho. No momento, por exemplo, está fazendo as malas e indo para Monte Carlo, onde tem duas apresentações esgotadas no cassino. Os olhos dos charlatões de Monte Carlo saltarão das órbitas, incapazes de entender um único truque, muito menos de repeti-los. Depois, Herrmann será convidado no German Club em Paris e, no dia seguinte, será a atração especial na casa de um magnata do setor bancário, cujos convidados ficarão tão espantados que não conseguirão dormir por duas semanas. O embaixador francês não vencerá nem uma mísera partida de écarté, o cônsul americano perderá o jogo de pôquer com uma quadra na mão. Para as moças da casa, o sempre cortês Herrmann produzirá o ás de paus para o valete de copas e adivinhará em qual carta elas pensaram sem nem encostar no baralho. Tudo isso com uma elegância raramente vista entre os ilusionistas, pois Herrmann é mais do que isso. Ele é um fenômeno em pé de igualdade com Rafael Schermann.

Der Querschnitt, sexta edição, junho de 1929

"Alô, sr. Menjou?"
ELE FALA UM ALEMÃO AGRADÁVEL — SUA MÃE É DE LEIPZIG

W. R. Wilkerson bebe Coca-Cola: Coca-Cola, que tem gosto de pneu queimado. Dizem, no entanto, que é muito refrescante. W. R. Wilkerson é apaixonado por Coca-Cola. Ele está agora no quarto copo. Quando alguém é apaixonado por Coca-Cola, você pode apostar até seu último par de calças, com incríveis chances de vencer, que esse fã é americano. E, se ele servir quatro copos de uma vez só, certamente é um americano cansado.

W. R. Wilkerson é americano e está cansado. Seu cartão diz *Hollywood-New York*. Ele veio no ss *Bremen*; não dormiu nessa sua jornada por novos recordes.

W. R. Wilkerson quer montar um negócio em Berlim. Em Hollywood, ele publica um jornal de cinema dedicado ao ator Adolphe Menjou. Seguiu-o até a Europa, na esperança de fazer filmes com ele agora que Menjou saiu da Paramount. Cem mil dólares por um filme; sim, pode apostar. Adolphe não tinha intenção nenhuma de continuar aturando esse preço ridículo. Não, ele prefere ir pescar. Ele exige 150 mil dólares. A Paramount não vai tão longe. O contrato é desfeito. De repente, Menjou é tomado por um poderoso desejo de voltar para a Europa, não, de *trabalhar* na Europa. Ele coloca suas mundialmente famosas roupas em dezoito baús e agora está em Paris. Enquanto isso, Wilkerson está analisando a situação em Berlim. Eles querem começar o mais rápido possível. W. R. Wilkerson bebe outra Coca-Cola. Que horror, como é possível ingerir tantos pneus queimados. Ele olha para o relógio. "Hora de pagar. Infelizmente, preciso ir ao escritório. Está chegando a hora da ligação de longa distância com o Hotel Majestic, em Paris. Você quer conhecer Menjou pelo telefone? Por mim, tudo bem. Eu te conto tudo no caminho."

*

E ele realmente me contou tudo no caminho.

Um dia de verão em 1919, um homem com um terno cinza-claro atravessa a Hollywood Boulevard, uma pasta sob o braço. Nesse dia, vários homens atravessam a Hollywood Boulevard, vários com ternos cinza-claro e pastas sob os braços, mas nenhum deles carrega a pasta do jeito que nosso homem carrega; ninguém caminha de um jeito tão focado e também tão ereto. Isso era notável, para nós e para os outros. Um carro para na frente do homem.

"Perdão. Meu nome é Fairbanks. Douglas Fairbanks..." O homem com a pasta tira-lhe o chapéu com uma elegância magnífica.

"Prazer em conhecê-lo. Adolphe Menjou."

Quinze minutos depois, eles estão sentados um na frente do outro no estúdio.

"Gostaria que você trabalhasse para mim!"

Menjou enrola a ponta esquerda do bigode. "Sinto muitíssimo. Estou bem satisfeito com meu trabalho como agente do estúdio cinematográfico C. C. Burr Enterprises. Ganho 125 dólares por semana, além de porcentagens, mais um bom bônus de Natal... pois sou o melhor vendedor do lugar. E quem pode garantir, sr. Fairbanks, que eu distribuiria seus filmes tão bem quanto distribuo nosso lixo?"

"Você não distribuiria meus filmes. Você atuaria comigo!"

Menjou agora enrola a outra ponta do bigode. Ele assina o contrato e pensa consigo mesmo: *insano*.

"Com certeza você é francês, com certeza de uma família nobre?"

Menjou fica feliz de já ter assinado o contrato.

"Nobre? Meu pai é francês, minha mãe é alemã, de Leipzig. Sou americano. Nascido em 1892. Fui garçom no restaurante do meu pai em Pittsburgh. Depois estudei na Universidade de Cornell, em Ithaca, Nova York. Durante a guerra, servi no front francês. Depois virei agente de cinema. Até dez minutos atrás, eu era vendedor na C. C. Burr Enterprises. Agora sou o ator Adolphe Menjou. Meu irmão vai morrer de rir. E qual, se posso perguntar, será meu primeiro papel?"

"Um dos três mosqueteiros!"

Um dos três mosqueteiros chama a atenção de Chaplin. Ele o contrata e dirige o filme *Casamento ou luxo* (1923), com Menjou e Purviance. Desde então, o irmão de Menjou não está mais morrendo de rir. Adolphe toma de assalto a escada do sucesso, subindo seis degraus de cada vez. *O círculo do casamento* (1924), de Lubitsch, já o mostra na sua melhor forma, e depois ele é um criado de quarto para a grande duquesa, o cavalheiro de Paris. É considerado o homem mais bem-vestido do mundo, junto ao príncipe de Gales, o homem dos duzentos ternos e das mil gravatas. Seu bigode, que havia sido o símbolo visual dos vilões de filmes, gera imitações em milhões de lábios superiores, nos Estados Unidos e na Europa. Ele é uma das doze pessoas que consegue usar um fraque e uma cartola, que consegue apresentar um buquê de flores a uma dama sem causar uma explosão de risadas. Certamente 100 mil por filme era uma barganha perto de qualidades como essas.

Quando o contrato acabou e Menjou pediu 150 mil, a Paramount não renovou, ignorando o fato de que estava dando adeus a seu último genuíno cavalheiro, alguém com charme e uma bela voz, alguém que traria ao filme falado *Maneiras de amar* (1929), adaptado da peça *Concert*, de Hermann Bahr, um grande sucesso. A Paramount não dá 150 mil. Menjou agora está em Paris. Os telegramas não param de chegar. A oferta deles vai até 125 mil. Menjou não cede. Ele simplesmente faz dois filmes falados com W. R. Wilkerson na Europa por conta própria. Já está trabalhando em dois roteiros com o autor Ernst Bajda e provavelmente conseguirá o excelente D'Abbadie d'Arrast como diretor. Ele ainda não sabe onde serão as gravações, em Londres, em Paris ou em Berlim.

"Sinceramente, Berlim seria minha preferência!", diz W. R. Wilkerson. Neste momento, o escritório de longa distância informa que Paris está na linha.

*

W. R. Wilkerson colocou os pés na mesa e está falando ao telefone com Adolphe Menjou, atualmente em Paris, no Hotel Majestic. O que eu (a) posso revelar e (b) entendi do truncado inglês americano de Wilkerson é isto: que ele teve sérias discussões preliminares com cavalheiros da indústria cinematográfica alemã no *Bremen*; que ele vai a Karlsbad hoje para ver Laemmle e comprar um roteiro da Universal para Menjou; que ele quer começar as produções no máximo em outubro.

Então, W. R. Wilkerson me passa o telefone. Não sei por que, mas nesse momento faço uma profunda reverência ante Menjou, que está a quilômetros de distância, ajusto minha gravata bagunçada provocativamente com a mão esquerda... Menjou fala um alemão digno e distinto. Sim, ele está ansioso por Berlim, bastante. Ele ri quando digo que Leipzig conquistou alguma coisa além da feira no fim das contas. Não, ele vai viajar para Biarritz antes para terminar os roteiros lá. Trabalho em Berlim? As chances são de sessenta para cem. A coisa toda é cheia de gentileza e educação. No fim, W. R. Wilkerson exclama um animado *adeus* no bocal do telefone.

Uma invenção danada. Você se senta em um escritório em Berlim, segura um gancho idiota na mão e vê o quarto do Majestic com clareza: Adolphe sentado na frente do aparelho de pijama de seda feito em Siam, trocando de roupa pela quarta vez. As pontas de seu bigode agora estão sendo banhadas com um óleo santo por uma funcionária japonesa. A srta. Kathryn Carver, sua esposa, está parada ao lado dele e não faz ideia do que fazer com os duzentos ternos. No andar de baixo, no set de filmagem, seis garotas estão esperando há horas: elas trouxeram gravatas de lã que costuraram para seu Adolphe. Mas, no gabinete, o ascensorista, no seu dia de folga, está autografando uma centena de fotos: *Adolphe Menjou, Adolphe Menjou, Adolphe Menjou.*

Tempo, 5 de agosto de 1929

Klabund morreu há um ano
ESCRITOR E DANÇARINO DE ALUGUEL

Aquela foi uma época feliz, o inverno de 1926: eu era dançarino de aluguel em um grande hotel de Berlim.
 O garçom n. 4, um grande amigo meu, tinha mesmo me avisado sobre a mesa perto do banjo. Tudo que ele precisava fazer era me olhar de soslaio enquanto passava por ali e eu entendia na hora: você não vai tirar um centavo deles. Meu Deus, uma gorjeta já não parecia muito provável mesmo. Ao lado de uma mulher charmosa, um rapaz magro estava sentado, encarando a pista de dança com tristeza e timidez e depois olhando para as luzes, que agora viravam um vermelho-claro. Vermelho-claro significa tango, e a dança realmente fica muito melhor e muito mais doce com essa iluminação. Sim, mas eu não me importava com melhor e mais doce naquela época. O peso, a questão era essa, se eu precisaria carregar por aí noventa ou apenas oitenta.
 Os espanhóis estavam começando a tirar uma bela canção de suas gaitas de boca. Eu queria sair dali e esticar as pernas, a esposa do distinto investidor já tinha pisoteado todas as minhas fontes de renda durante o foxtrote. Mas o instrutor de dança, um russo que não nos tratava bem, me pegou no flagra: a esteira não pode parar nem por um segundo. Então fui até

aquela mesa, à esquerda do banjo, me curvei na frente do rapaz tristonho e comecei a sacolejar pela pista, dançando tango com sua dama. Apesar de dançarinos de aluguel geralmente pensarem em cigarreiras douradas ou em novas estampas de gravata durante as danças, por puro tédio, essa moça tinha o passo leve e dançava bem. Toda vez que rodopiávamos ao lado do rapaz dela, eu o observava: ele se parecia com Zinnemann. Zinnemann havia sido o melhor aluno da nossa turma, e regularmente copiávamos nossa tarefa de matemática dele. Terrivelmente magro e pálido, o cabelo curto como o de um detento. O pobre Zinnemann — achávamos que um dia ele inventaria uma máquina de movimento perpétuo — tinha um problema nos pulmões. Eles o enterraram há muito tempo. Ao lado do rapaz, vi um boné na cadeira junto com alguns livros. Você tinha chances muito maiores de encontrar um boné no chá das cinco do que livros como esses... tenho certeza de que nunca mais se viu nenhum livro naquela pista de dança.

 Eles voltaram várias vezes. Eu dançava com a moça, e o rapaz nos observava com algum ciúme. Certa vez, quando eu estava parado no saguão, ele veio bem na minha direção. Eu já receava que ele quisesse me oferecer uma gorjeta: que inferno, eu odiaria ter que aceitar isso dele.

 "Perdão...", ele falou timidamente, "eu queria perguntar... então, um dançarino de aluguel... isso deve ser bem interessante... eu acho, bem interessante..."

 "Não, não é."

 Seus olhos me encararam com fervor por trás dos óculos. "Não, é sério... me perdoe por perguntar... mas como alguém se torna um?"

É engraçado: dançarinos de aluguel sempre escutam essa pergunta. Para as moças com as quais eu dançava ou que estavam aprendendo o *charleston* por sete marcos e cinquenta, eu sempre inventava as maiores lorotas, de "eu já tive dias melhores" e "disputa familiar, fui deserdado, estou fugindo de tudo isso" a "na verdade queria desenhar aviões" e "ainda não perdi a esperança". Mesmo assim, não consegui inventar nenhuma mentira para esse sujeito pálido, que parecia meu falecido colega Zinnemann: o que você pode fazer se está em maus bocados? Se seu colarinho e seus punhos podem ser invertidos apenas duas vezes? Se você não pode passar a noite em um banco na Tiergarten durante o inverno? Se a única linha de crédito que você tem é um comerciante de vinhos que adicionou três garrafas de Malaga à sua conta e depois jogou esse Malaga no Landwehrkanal só para vender as garrafas vazias? Rolinhos custam dinheiro. O que você pode fazer?

Ele achou tudo isso interessantíssimo. "Que tal escrever sobre isso, do jeito que me contou. Eu posso colocar no jornal!"

Sim, escrever... Eu já tinha feito algo nessa linha, mas queria tentar de novo.

"Então venha me ver, posso ajudá-lo!" Ele me disse seu endereço, perto da Ernst-Reuter-Platz.

"Por quem devo perguntar?"

"Pergunte por Klabund."

*

Nos dias seguintes, o professor de dança não foi visto em Grunewald. O instrutor de dança russo estava cuspindo fogo. Eu simplesmente não apareci mais. Em casa, passei três noites escrevendo sobre o que minhas pernas tinham vivido. Depois levei tudo isso para Klabund [também conhecido como Alfred Henschke]. Ele morava com a esposa, Carola Neher, a moça com a qual eu havia dançado tango.

Minhas memórias me pareceram bem patéticas, mas Klabund estava satisfeito e ficou sentado ali por horas fazendo revisões. Me ocorreu perguntar o que ele estava fazendo com meu texto. Klabund me falou algumas vezes sobre ter feito algo parecido como um pianista em um bar.

*

O BZ publicou minhas memórias de dançarino de aluguel. Mas, antes disso, Klabund escreveu algumas linhas de introdução. Nós nos encontramos em um café, onde ele me deu essas linhas para usar como prefácio dos ensaios. Belas linhas que dizem que devemos escrever sobre a vida como ela é, que esse é o melhor caminho.

Sentados ali, naquela cinza manhã de inverno, ele pareceu ainda mais magro, ainda mais pálido. Ele segurou um lenço na frente da boca encovada e tossiu. "Não é nada", disse, e não era nada mesmo, só um pontinho vermelho.

Foi disso que ele morreu.

Tempo, 12 de agosto de 1929

III. CRÍTICAS DE TEATRO E CINEMA

Como uma maneira de se envolver com a cena contemporânea de teatro e cinema, além de ganhar um pouco de dinheiro no processo, Wilder escreveu uma dúzia de críticas e pequenas matérias sobre o desenvolvimento nos estúdios e no setor. Ele compareceu a estreias de filmes e a aberturas de teatros, cobriu os últimos sucessos e fracassos e escreveu sobre a maioria dessas produções dentro do espaço restrito de uma crítica-cápsula. Seus textos abrangem a fase final do cinema mudo e o surgimento do som com a nova tecnologia Tri-Ergon, que chegou relativamente tarde na Alemanha. Ele comenta sobre o talento das grandes estrelas do cinema mudo como Chaplin e Norma Shearer, sobre as novatas Marlene Dietrich e Henny Porten e também sobre a amada dupla Ole e Axel (ou "Pat e Patachon", como eram chamados em alemão). Sua opinião sobre o épico *Ouro e maldição*, de Erich von Stroheim, é neutra, mas há muitos elogios para a indústria cinematográfica do fim dos anos 1920 em geral. Em "O primeiro filme de animação falado", Wilder escreve com admiração sobre o pioneiro trabalho de animação de Lotte Reiniger e seu impacto em *Fräulein Fähnrich* (*Senhorita aspirante*, 1929), e sua crítica sobre *Asas de rapina* (1929), do diretor americano Arthur Rosson, oferece a ele a chance de tecer elogios sobre as representações cinematográficos do oeste americano — a fonte do seu apelido e da cultura mitológica que capturou o coração de dezenas de espectadores europeus — produzidas nos cenários externos dos estúdios de Hollywood.

As críticas de teatro de Wilder contam com um texto anunciando a quinquagésima apresentação do megassucesso de Bertold Brecht, a *Ópera dos três vinténs*, enaltecendo as virtudes da música de Kurt Weill, assim como a atuação suprema dos astros do cabaré Rosa Valetti e Kurt Gerron, e também com um comentário um tanto cético sobre *Young Woodley* [*Jovem Woodley*], de John van Druten, no Teatro Deutsches de Berlim. Apesar de Wilder nunca ter demonstrado muito interesse pelo sionismo em qualquer outro lugar, em sua crítica de *Frühling in Palästina* [*Primavera na Palestina*], um documentário estranhamente interessante feito por Josef Gal-Ezer em 1928, ele exibe uma curiosidade genuína, até mesmo simpatia. "Nós vemos garotas europeias de famílias burguesas que trabalharam em escritórios e estudaram em universidades em seus países de origem agora construindo estradas", ele escreve, "homens antes desacostumados com a vida agrária agora cultivando o solo". Termina o texto ressaltando que o aplauso no teatro foi notavelmente entusiasmado, algo que ele mesmo buscaria, e quase sempre alcançaria, em seu subsequente trabalho como roteirista e diretor.

Broken Barriers [***Barreiras quebradas,*** **1924**]
O NOVO FILME DE SHEARER-MENJOU

Um filme como centenas de outros filmes americanos; a parte interessante é a temática, que é incrivelmente liberal; interessantes também são os quatro excelentes atores: Norma Shearer, James Kirkwood, Adolphe Menjou e Mae Busch.

A temática: Ward Trenton, separado da esposa há anos, é um mulherengo, até que Grace, vendedora e integrante mais nova da empobrecida família Durland, aparece no caminho dele da seguinte maneira: Tommy Kemp, um amigo de Irene e colega de trabalho de Gerti, organiza uma orgia. Trenton também está lá e garante que Grace chegue em casa antes da explosão. Grace se apaixona por Ward Trenton. Ela (uma garota americana de boa família!) quer quebrar as barreiras impostas pela moralidade e pelas convenções e se dedicar incondicionalmente a Trenton.

Nesse meio-tempo, a esposa de Ward volta, e os três — Grace, Ward e a esposa de Ward — se encontram sem querer na casa da Frau Reynolds; cenas feias acontecem a seguir: Frau Trenton não tem intenção de se divorciar e insulta Grace, que, a fim de prevenir um escândalo, vai embora da festa. Agora Grace sabe que nunca poderá ser a esposa de Ward. E ela quer pertencer a Trenton mais fervorosamente do que nunca.

Ward luta consigo mesmo, e a bondade vence. Grace agora vê Ward com menos frequência. Mas, certa noite, quatro velhos amigos fazem uma viagem de carro: Grace, o sr. Durland, Irene, Ward Trenton e — no volante — Tom Camp, completamente bêbado. O carro anda por uma floresta a toda velocidade e capota; os quatro sofrem um acidente. Tom Camp morre nos braços de Irene, Grace se recupera rapidamente, Ward Trenton acaba no hospital. Lá, o médico monta uma armadilha; leva a esposa de Trenton a acreditar que ele ficará paraplégico para sempre. Depois disso, ela exige o divórcio e vai embora. Agora Grace pode se casar com Trenton, que se recupera plenamente.

O elenco: Grace Durland é interpretada por Norma Shearer, uma jovem atriz bem-apessoada, bonita, com uma boa silhueta, talentosa. Mae Busch, uma atriz incrível que, infelizmente, não recebe a devida atenção, faz o papel de Irene. James Kirkwood entrega uma interpretação sólida como Ward Trenton, interpretando-o de maneira séria e aristocrática, com total consciência de que o papel implica a incorporação de um yankee imbuído da moralidade e das convenções americanas.

Por fim temos Adolphe Menjou (Tommy Kemp). Seu papel é apenas de coadjuvante, mas é interpretado com maestria, cheio de inspiração e detalhes pungentes. Menjou, descoberto por Chaplin e lançado por Lubitsch, é uma das figuras mais interessantes e engenhosas do cinema americano hoje.

Die Bühne, 8 de abril de 1926

Ehekonflikte [Conflitos conjugais, 1927]
NO PRIMUS PALACE

Uma mulher é surpreendida pelo marido no seu *boudoir* com outro homem. Ela finge que está sendo atacada e que ele é o ladrão. Mas, quando a polícia chega para levá-lo, ela revela a mentira. A mulher viaja para Nice, o outro homem viaja para Nice, o marido viaja para Nice, e os três se hospedam no mesmo hotel. E aqui esse jogo absurdo com seus conflitos superficiais continua, com o roubo de um tratado secreto adicionado só para garantir, até que o outro homem — o ladrão do documento — faz com que marido e mulher fiquem juntos novamente.

O roteiro de Erich Herzog e a direção de Alfons Berthier são incrivelmente desastrados. A segunda metade foi recepcionada por muitíssimas risadas e assovios, e, quando o cartão de título "Essas foram horas terríveis" apareceu perto do fim, o público expressou sua aprovação estrondosa. Pena que Lotte Lorring, Werner Pitschau e Victor Colani se rebaixaram a esse nível de "besteira", palavras do autor.

Ele foi precedido por um filme de aventura americano igualmente fraco, *Menschen der Nacht* [*Homens da noite*, 1926].

BZ *am Mittag*, 3 de junho 1927

Eichberg grava um filme

Quando Richard Eichberg grava um filme, a diversão é garantida — o grande set de filmagem em Neubabelsberg está reverberando com uma música animada. *Der Fürst von Pappenheim* [*O manequim mascarado*, 1927], uma adaptação da conhecida ópera, é feito para criar o clima certo. Egon Fürst, um gerente de modelos, e seu alter ego "Fürst Egon" são interpretados por Curt Bois, e Mona Maris, uma atriz recém-descoberta por Eichberg, faz o papel de princesa Antoinette. O elenco também conta com Dina Gralla e Werner Fütterer. A cinematografia é de Heinrich Gärtner.

G. W. Pabst, o diretor de *Die Liebe der Jeanne Ney* [*O amor de Jeanne Ney*, 1927], passou horas parado sob o sol escaldante, esperando pela chuva. E ele foi bem-sucedido em sua tentativa de persuadir o céu a fornecer uma tempestade com raios e trovões. O resultado é um deleite bem encharcado, e a cena mostra "a vida como ela é". Agora, Pabst foi para Paris com seus protagonistas, Brigitte Helm, Edith Jehanne, Uno Henning e Fritz Rasp, e com os cinegrafistas Fritz Arno Wagner e Walter Robert Lach, filmar as cenas ao ar livre.

Em outra parte do set, o dr. Fritz Wendhausen está trabalhando nas últimas cenas de seu filme *Der Kampf des Donald Westhofs* [*O julgamento de Donald Westhof*, 1927], uma adaptação do romance que saiu no jornal *Illustrirte Zeitung* de Berlim. Uma cena no salão de Spiess, com uma vista característica da rua, parece tão natural que os espectadores acreditam que estão vendo a terra natal de Elizza La Porta, Imre Ráday, Nicolai Malikoff e Hermann Vallentin.

BZ *am Mittag*, 7 de junho de 1927

Der Bettler vom Kölner Dom [O pedinte da catedral de Colônia, 1927]

Este empolgante e acelerado filme de detetive oferece um bom entretenimento, pois é pura diversão. O roteiro do dr. Alfieri é baseado em um modelo testado e comprovado, colocando uma gangue de ladrões — que adotam vários disfarces em suas tentativas de roubar as joias de uma moça — contra um famoso detetive que tem talento para resolver qualquer situação e imbuir o enredo geral com um humor gentil, às vezes reluzente, que suaviza muito bem a tensão.

As sequências de tomadas do diretor Rolf Randolf se movem com rapidez e eficiência. As atuações também são ótimas. Harry Lamberz-Pausen, arrumado para parecer um "sujeito deslumbrante" e usando sua força atlética para quebrar uma caixa-forte, fisga generosas gargalhadas. Henry Stuart interpreta o detetive com uma reserva elegante, e Hanni Weisse, Fritz Kampers, Karl de Vogt e Robert Scholz compõem personagens bem-concebidos da gangue de ladrões.

Os cenários de G. A. Knauer e o trabalho de câmera de Willie Hameister são bastante encantadores.

BZ *am Mittag*, 30 de agosto de 1927

Pat und Patachon am Nordseestrand [Ole e Axel na costa do mar do Norte, 1927]

NO EMELKA PALACE

Ver velhos amigos depois de um longo tempo é sempre um prazer. E foi ótimo ver esses dois sujeitos divertidos e excêntricos, o alto e magro Ole e o baixinho e gordinho Axel, que estavam vindo da costa do mar do Norte, onde tinham passado por todo tipo de experiência. As histórias contadas por eles nos fazem lembrar dos relatos fantásticos de Münchhausen. Os dois tentaram pescar, mas perceberam que eles mesmos poderiam ser pescados por um tubarão. Construíram uma cabana, mas ela foi arrastada pelo vento certa noite, e os próprios acabaram enterrados na areia (inspirado em uma cena de *Em busca do ouro*, de Chaplin). Eles eram heróis, é claro. Axel, destemido até na frente de fantasmas, era o maior dos dois. Ganharam o coração das beldades da vila com seu jeito engraçado de dançar o *charleston*, libertaram um jovem das mãos de seu rival e o ajudaram a encontrar um jeito de se casar com a mulher amada.

Essas são divertidas peripécias à la Dom Quixote, inofensivas, patetas, executadas com uma elegância inabalável e, portanto, muito agradáveis. Lau Lauritzen produziu belas tomadas externas e, na cena em que os náufragos são resgatados, criou também um pouco de suspense. Foi uma ótima noite.

BZ *am Mittag*, 9 de setembro de 1927

Funkzauber [*Magia do rádio*, 1927]
NO PHOEBUS PALACE

Para os fãs do rádio — e há muitos deles! —, este filme tem muito a oferecer. Ele os guia pelos estúdios de rádio de Berlim, familiariza-os com os radialistas das principais estações, em especial com o muito admirado radialista de Berlim Alfred Braun, e dá a eles um panorama instrutivo de como funciona a radiodifusão, oferecendo horas do mais animado entretenimento a uma distância mágica — não através de imagens secas, e sim emoldurado por uma intrigante narrativa produzida por Jane Bess e pelo dr. Rino Ottavi e dirigida por Richard Oswald, bem abrangente no escopo, mas ainda assim muito animada.

O filme, que tem um toque de humor, é sobre um entusiasta da área que procura lugares para se acomodar e ouvir seu rádio sem pagar pelo privilégio, seja na floresta, enquanto ele com alegria come um sanduíche, seja na delegacia, para onde é levado como andarilho, seja em sua cabana, onde seu sonho de herdar 1 milhão desaparece. Werner Krauss confere a esse personagem um humor leve e impecável. O devoto do rádio, com seu chapéu torto e um brilho nos olhos, é um sujeito serelepe. A performance de Krauss nesse filme está no mesmo nível da sua magnífica interpretação de um oficial insignificante em *Die Hose* [*As calças*].

Fora ele, os outros atores não são muito memoráveis: Xenia Desni, que mais uma vez precisa fazer o papel de uma garotinha; Fern Andra, uma presença bem-vinda, seria bom vê-la com mais frequência em papéis mais exigentes; Leo Penkdert como um homem bem-educado e inimigo do rádio, logo enraivecido; Anton Pointner como um salafrário espertinho; Fritz Kampers como um policial; e Gert Briese como um apaixonado sentimental. O filme foi ovacionado pela plateia.

BZ *am Mittag*, 4 de outubro de 1927

Neve no estúdio

UM BANHO A MENOS SEIS GRAUS

Os atores de cinema com certeza sofrem às vezes! Um exemplo disso pode ser visto recentemente no estúdio de Staaken, onde o diretor francês Jacques Feyder está gravando seu filme *Thérèse Raquin* para o Defu. No set, há uma pousada em ruínas com uma piscina gigante, um "lago" onde a infiel Thérèse e seu amante afogam o frágil marido dela. No verão, os atores teriam com certeza adorado uma cena aquática desse tipo. Mas precisam ser admirados por não perderem a compostura e realizarem essa cena de maneira ávida e voluntária, com os dentes batendo, na gelada temperatura de menos seis graus. Gina Manés, Wolfgang Zilzer e A. H. Schlettow formam o trio corajoso.

O Defu está filmando ao mesmo tempo *Seine Mutter* (também conhecido como *Ehre Deine Mutter*) [*Honre sua mãe*, 1928], dirigido por Paul Ludwig Stein. A atriz americana Mary Carr interpreta o papel principal. Temos ainda *Frau Sorge* [*Senhora preocupação*, 1928], dirigido por Robert Land, igualmente estrelando Mary Carr. Dieterle e Grete Mosheim também são membros do elenco principal.

BZ *am Mittag*, 29 de novembro de 1927

Ole e Axel no Beba Palace

"No caminho para a força e a beleza" completa o título do filme. E eles poderiam ter colocado: "e para duas belas esposas", porque esses dois bobocas, que com tanta frequência entregam seus corações para criaturas com pernas finas e sempre precisam se resignar a assistir a outros serem escolhidos em vez deles, agora são capazes de chegar na frente de dois gentis, mas parvos rapazes.

Mas o alto e magro e o baixinho e gordinho vêm a calhar para muitas coisas. Vemos duas alegres garotas que vêm depenando o tio do interior com a desculpa de estudar pintura e escultura na cidade. Quando o tio visita de surpresa as duas sobrinhas, os dois homens bolam um plano: posar como estátuas gregas e romanas. Depois, agem como um divertido par de professores em uma escola de dança e ginástica que as garotas montaram na casa de campo do tio. Pagá-los com amor era o mínimo que as meninas podiam fazer.

O enredo é muito divertido. Ole e Axel se veem em inúmeras situações traiçoeiras e sempre encontram uma saída encantadora. Lau Lauritzen, seu habitual diretor, preparou esse filme com humor e uma boa dose de entusiasmo, nos oferecendo assim uma noite muito agradável, recebida com genuínos aplausos.

BZ *am Mittag*, 9 de março de 1928

Der Geliebte seiner Frau [*O amante da sua esposa*, 1928]
NO MARMORHAUS

O subtítulo, "Um caso no leito conjugal", promete um filme engraçado e provocante. Mas os autores, Fritz Zoreff e Siegfried Berenfeld, diluíram esse vinho com bastante água. A favor deles, podemos dizer que se abstiveram da vulgaridade, mas não compensaram com o toque leve e a vivacidade que teriam transformado essa temática desgastada em algo que valesse a pena ver mais uma vez em uma comédia boba.

A história — a filha do homem do povo e o conde empobrecido precisam se casar para livrá-lo das dívidas e para que ela consiga a diadema do conde, mas se apaixonam antes do casamento sem perceber quem o cônjuge de fato é — nenhuma novidade. Mas há coisas demais espremidas aqui. Nós já vimos esses temas e situações de formas muito mais agradáveis e atraentes. O trabalho de Max Neufeld como diretor não tem ritmo nem nuances. Dina Gralla não é bem aproveitada no papel principal, e sua atuação é insegura. O parceiro dela, Alfons Fryland, também é fraco. Claire Lotta tenta incutir alguma alma em seu papel, mas falha miseravelmente. Richard Waldemar, no entanto, consegue interpretar um adorável charmoso com vivacidade.

BZ *am Mittag*, 30 de março de 1928

Dos estúdios

Em St. Pauli, uma parte infame de Hamburgo, fica o bar The Good Anchorage. Os marinheiros que matam tempo ali não são exatamente flor que se cheire. Os dois vilões de verdade são "O Alicate" (Wolfgang Zilzer) e "O Doutor" (Fritz Rasp), para quem a mais bela garota de St. Pauli (Jenny Jugo) atrai as vítimas de seus futuros roubos. Ela é conhecida como a "Carmen de St. Pauli", nome que dá o título ao filme [*Die Carmen von St. Pauli*, no original em alemão; em português, *O bairro da perdição*, 1928] que Erich Waschnek está gravando em Neubabelsberg com o cinematógrafo Friedel Behn-Grund e o cenógrafo Alfred Junge. Um bom e honesto marinheiro (Willy Fritsch), que entra nesse bar pela primeira vez, também acaba nas mãos dos trapaceiros. Esses sujeitos! Ficamos secretamente felizes que só os estamos conhecendo em uma St. Pauli replicada com fidelidade.

Já o filme *Karneval der Liebe* [*Carnaval de amor*, 1928], no qual Augusto Genina está trabalhando, nos leva para um *milieu* diferente, amigável, leve e cheio de diversão.

BZ am Mittag, 8 de maio de 1928

Ouro e maldição (1924)
NO KAMERA

Este pequeno teatro de repertório, na Unter den Linden, que já trouxe novas glórias para vários velhos filmes, agora se tornou o defensor dessa película de Stroheim, que precisou ser cancelada abruptamente após a estreia em Berlim. Não existem mais sinais da revolta que eclodiu no passado por causa desse retrato cruelmente realista das profundezas onde os seres humanos podem chegar.

Mas é triste assistir a essa representação da condição humana, que mostra o outro lado dos desfechos que costumamos ver na tela, mas também é desequilibrada e cheia de símbolos sem sentido. Mesmo assim, algumas partes do filme compõem um retrato emocionante da alma de uma mulher cuja ganância desperta todos os seus impulsos mais básicos, e a pungência da atuação também o torna envolvente. Esse não é um filme relaxante, mas ainda assim é um prazer, embora diferente dos que estamos acostumados.

BZ am Mittag, 10 de julho de 1928

Loura e sapeca (1928)
NO SCHAUBURG

É difícil entender o que o título deste filme tem a ver com a transformação de um solteirão e misógino convicto no melhor marido do mundo. Durante os atuais dias de cão, o filme sem dúvida pode parecer sedutor. Você quase se arrependeria de se ver preso — involuntariamente — no meio dessas situações ridículas se o filme não tivesse sido feito de maneira tão dinâmica e engraçada. Marie Prevost emprega toda sua natureza charmosa e espevitada; Franklin Pangborn, seu humor seco; e Harrison E. Ford, sua ótima atuação, nos oferecendo um entretenimento leve e agradável.

BZ am Mittag, 17 de julho de 1928

O vale dos Gigantes (1927)
NO SCHAUBURG

Esplêndidas, essas sequoias milenares e gigantes, que fazem as pessoas parecerem liliputianos perto de seus troncos imensos, esplêndidas, essas paisagens florestais primitivas, nas quais pessoas castigadas pelo clima desempenham suas extenuantes tarefas diárias. Elas formam um cenário magnífico para uma história — infelizmente, uma história 100% americana — sobre dois rivais da indústria madeireira.

Nós não compreendemos esses acordos tácitos onde o punho é lei. Mas há várias cenas, como a da veloz descida, que prendem a atenção, e em certas partes há injeções de humor bem-vindas que oferecem um respiro entre as terríveis brigas que quase nunca param. Atores muito agradáveis, Milton Sills e Doris Kenyon, habilmente auxiliam o diretor, Charles J. Brabin, a apresentar um ambiente desconhecido, mas muito interessante.

BZ *am Mittag*, 27 de julho de 1928

Sangrenta noite nupcial (1928)

Os jacobinos estão acampados no alojamento do castelo de Tronville. Esses homens fortes e cruéis se dividem em grupos com pedaços de palha. Entre eles, pirâmides de armas, com grandes panelas viradas para baixo. O fogo morre lentamente. Alguns soldados já estão acordados, relaxando enquanto se lavam com a água do poço do castelo. Então, o grupo todo desperta. Três cavaleiros irrompem pelos portões do castelo. O líder deles entrega uma mensagem importante ao oficial. Eles saem galopando, enquanto no pátio comandos são gritados, curtos e afiados — o dia começará com um tribunal sangrento. Um traidor à frente de um tribunal.

Uma cena extremamente pitoresca de *Sangrenta noite nupcial*, do estúdio Terra-Film, que agora está sendo filmado no local e no Terra-Glashaus. O roteiro é de Norbert Falk e Robert Liebmann; o diretor é A. W. Sandberg. Nos papéis principais, Fritz Kortner, Gösta Ekman, Diomira Jacobini, Karina Bell e Walter Rilla.

BZ *am Mittag*, 31 de julho de 1928

***In the Name of the Law* [*Em nome da lei*, 1922]**
NO PRIMUS PALACE

A marinha, o exército, a força aérea e agora também a polícia, tudo que representa e personifica o poder do Estado sobre o povo, são levados em alta conta nos últimos filmes americanos. Se este filme não tivesse tentado ser mais que uma história de detetive, ele já teria elementos suficientes para cativar os espectadores. Mas uma história piegas sobre um policial idoso foi adicionada, e a superficialidade dela estragou as coisas e impediu que o suspense do final exercesse sua magia.

A direção de Emory Johnson se ramifica em vários subenredos que saem pela tangente, perdendo assim o ritmo necessário para retratar a batalha da polícia — representada pelo policial idoso e seu filho, um piloto — contra uma gangue de ladrões de joias. Em um nível técnico, o filme é uma decepção. A perseguição de avião ao líder da gangue nos deixa dolorosamente cientes da improvisação do estúdio. A batalha final no joalheiro não entrega o suspense arrepiante que você espera dos filmes americanos do gênero, mesmo havendo explosões, incêndios e um bom número de bombeiros trabalhando. As atuações estão no mesmo nível.

BZ *am Mittag*, 3 de agosto de 1928

Sons sendo gravados no estúdio
THE STUDIO SHOTS

Imagine ter sido convidado para uma visita, chegar à casa no horário marcado e encontrar as portas fechadas. Foi o que aconteceu comigo quando visitei um estúdio recentemente. Um funcionário está parado na porta, mas não a abre para o visitante; em vez disso, ele segura a porta firmemente trancada, sem deixar de olhar para ela, recusando-se a deixar qualquer um entrar. Eis o porquê — um filme falado está sendo gravado.

E agora sabemos: sons, palavras e barulhos podem ser produzidos, falados e gerados, mas somente quando são apropriados; passos de convidados chegando muito provavelmente não estavam nos planos da cena sendo gravada. Por isso, esperamos do lado de fora até que haja um intervalo.

Aí podemos assistir a Max Mack, que certa vez fez o primeiro *Autorenfilm* alemão, o filme de autor da época, agora rodando o primeiro filme alemão falado usando o sistema Tri-Ergon, silenciosamente dirigindo seus atores com movimentos de mímica da cabeça, das mãos e, às vezes, dos pés, desde que não seja com a boca.

"Manufaturando" talvez não seja a expressão certa, já que a câmera, quatro vezes maior que uma câmera normal, não tem nenhuma manivela. Depois de ajustar e preparar tudo para a tomada, o cinegrafista a ativa usando um contato elétrico, e a câmera grava automaticamente as imagens e os sons em uma fita de celuloide, em faixas paralelas — incorporando o som através da conversão elétrica das ondas sonoras em oscilações de luz — para que as imagens e os sons formem uma unidade completa.

O volume é controlado e transmitido por um amplificador, uma máquina também complicada, eletricamente conectada à câmera. O atual rei, Joseph Massolle, inventor do sistema Tri-Ergon, está no local monitorando o design de som, que exige um equilíbrio total das condições acústicas. Por causa disso, o local precisa ter algum nível de isolamento acústico, já que o som se propaga de jeitos diferentes em um grande estúdio e em uma sala fechada.

Os microfones são montados em locais escondidos, onde quer que os atores fiquem em determinado momento, para que os sons e os gestos correspondam com perfeição e fiquem coordenados com a direção do áudio. O ator, que precisa prestar atenção não só em suas expressões faciais, mas também no texto e na maneira com que as palavras são pronunciadas, encara dificuldades significativas que exigem ensaios cansativos.

O enredo desse primeiro filme falado, *Ein Tag Film* [*Um dia no cinema*, 1928], que promete ter 457 metros de comprimento, também foi criado por Max Mack e oferece várias rotas para empregar a fala e outros sons. O espectador vivencia tudo o que ocorre nos bastidores. Uma mulher (Georgia Lind) que deseja ser atriz contra a vontade do marido (Kurt Vespermann) é instruída a fazer uma cena, mas estraga tudo e depois tem repetidos confrontos com o diretor (Paul Graetz) e com o produtor antes de admitir sua inaptidão.

Só saberemos até que ponto esse resistente material acústico foi integrado com êxito quando diálogos, sons do set e a trilha sonora forem exibidos no produto final. O moderno sistema Tri-Ergon, no entanto, com certeza aumentará nossas esperanças em relação ao bom desenvolvimento do som no cinema.

BZ *am Mittag*, 21 de agosto de 1928

A ópera dos três vinténs, pela quinquagésima vez

No Teatro am Schiffbauerdamm, *A ópera dos três vinténs* atingiu sua quinquagésima apresentação. Seu apelo duradouro persiste graças à fusão de humor extravagante e crítica social. A trilha de Kurt Weill é uma parte considerável desse apelo. O Rei dos Mendigos agora é interpretado por Hans Hermann Schaufuss, e sua filha, Polly, por Charlotte Ander. Rosa Valetti está magnífica como "uma mulher feita sob medida para o aliciamento e para o comércio cigano", enquanto Harald Paulsen é um assassino, ladrão e vigarista muito simpático. Kate Kühl sempre recebe uma rodada extra de aplausos por sua interpretação brilhantemente mordaz. Kurt Gerron empresta uma ternura tragicômica ao papel do xerife de Londres, que aceita propina do salafrário Mackie. O volume dos aplausos nesta quinquagésima apresentação foi tão alto quanto o da primeira.

BZ *am Mittag*, 22 de outubro de 1928

Frühling in Palästina / Aviv be'Erez Israel [Primavera na Palestina, 1928]

Há 25 anos, um deserto infértil com pântanos nocivos; hoje, uma cidade com 45 mil residentes, lindas ruas largas, belas casas ajardinadas, escolas, sanatórios, fábricas, o futuro resort à beira-mar do Oriente — Tel Aviv. A segunda impressão poderosa é a de Haifa, a cidade portuária da Palestina, agora sendo grandiosamente ampliada. As inúmeras comunidades aparecem diante de nossos olhos em imagens vibrantes, largas plantações de laranja que já rendem 2 milhões de caixas por ano, seu maior produto de exportação, e também há campos e florestas.

Tudo isso produzido por meio de um trabalho duro e tedioso no solo cheio de areia e pedras. Vemos garotas europeias de famílias burguesas que trabalhavam em escritórios ou estudavam em universidades na sua terra natal agora construindo estradas, homens que não eram habituados à vida agrária agora cultivando o solo. As imagens do interior da Palestina também são interessantes, de Jerusalém, do mar Morto, do mar da Galileia, das corredeiras do rio Jordão, que agora serão usadas para gerar eletricidade.

O filme é um documento cultural singular, uma ode à força de vontade e ao trabalho. Josef Gal-Ezer fez um trabalho muito habilidoso. Os aplausos foram entusiasmados.

BZ *am Mittag*, 11 de dezembro de 1928

O primeiro filme de animação falado
FRÄULEIN FÄHNRICH [*SENHORITA ASPIRANTE*, 1929]

Quem não conhece os pequenos filmes de [Julius] Pinschewer, as belas animações que formam o núcleo da programação preliminar em muitos cinemas? Pinschewer agora foi um passo adiante, e acompanhamos suas experiências com grande entusiasmo conforme observamos os resultados. O objetivo é conectar filmes publicitários com os filmes falados usando o sistema Tri-Ergon.

A forma divertida encontrada por Pinschewer baseia-se nas animações de silhueta de Lotte Reiniger. Ele levou sete meses para juntar 70 mil imagens individuais a fim de criar um filme, com 251 metros de comprimento, vagamente baseado em *O rouxinol e o imperador da China*, de Andersen. O conteúdo do filme é uma peça promocional para o sistema Tri-Ergon. Esse tipo de gravação continua enfrentando inúmeras dificuldades técnicas, é claro, apesar de seu bom desenvolvimento, e o texto do enredo precisou ser feito pela vozinha de um anunciante, já que um diálogo simultâneo às imagens em movimento não foi possível. Mesmo assim, esse e outros testes demonstram que ainda há muito a ser conquistado nessa área.

O filme *Fräulein Fähnrich* [*Senhorita aspirante*, 1929], agora em cartaz no Primus Palace, foi feito para ser uma historinha engraçada sobre a marinha. Os três roteiristas não tiveram vergonha de listar seus nomes e de se responsabilizar pelos mais triviais absurdos em situações sem graça e em gracejos sem situação. O mais alto nível de caridade: nenhuma palavra sobre eles e seus crimes. Não há como não sentir pena de Mary Parker, Fritz Schulz e de todo o bando de figurantes que teve de atuar de um jeito tão estúpido, e do público que precisou assistir a isso.

BZ *am Mittag*, 5 de março de 1929

Was eine Frau im Frühling träumt [*Com o que uma mulher sonha na primavera*, 1929]
NO BAVARIA LICHTSPIELE

Com o que uma datilógrafa baixinha sonha na primavera? Naturalmente, este filme é sobre esse tipo de pessoa, bem como tantos outros filmes recentes. E também é muito natural que uma sorte inesperada, lindas roupas, a cidade de Nice na Riviera Francesa, uma aventura amorosa e um famoso astro do cinema sejam a soma de todas suas esperanças e sonhos. Se mais alguns dolorosos cortes tivessem sido feitos, o resultado seria um bom filme — ou foi o que pensaram Hans Bietzke e Curt Blachnitzky. Mas os eventos e as emoções que eles retiram da canção de sucesso de Walter Kollo são banais e não foram contados bem o suficiente para gerar maior interesse.

Além disso, a direção de Blachnitzky não tem ritmo. A coisa toda se beneficiaria de um pouco de sol, de primavera. Colette Brettel está muito bonita, mas sofre com a falta de vivacidade da direção, assim como Ernst Rückert, o cinéfilo do filme. Kurt Vespermann e Julius Falkenstein fornecem algum divertimento.

BZ, 2 de abril de 1929

"Palco dos jovens"?

Eu me pergunto se os jovens, os estudantes de teatro no Teatro Deutsches, tiveram algum papel na escolha da peça que foi apresentada ontem no palco de ensaio do Kammerspiele. Espero que não! Essa peça, *Young Woodley* [*Jovem Woodley*], de John van Druten, emprega seu charme juvenil, brilho sentimental e a pura imprudência de sua incrível mente jovem, mas, no fundo, fica comprometida por sua atitude sabichona e petulância precoce. Mesmo assim, a peça é construída com destreza e com um diálogo habilidoso — algumas das melhores falas confirmam que houve um trabalho meticuloso.

Conta a antiga, mas eternamente nova, história de como um bom garoto que não está predestinado à tragédia se depara com uma situação de vida ou morte que o leva a dar o primeiro passo na direção da aparentemente paradisíaca vida dos adultos. Se ao menos o jovem Woodley...! [...] a peça teria sido muito mais agradável que uma que retrata uma rápida conversão à vida resignada de classe média. Hans-Joachim Moebis no papel-título, Franziska Benthoi como sua ídola e Gustav Specht como um jovem comediante em ascensão têm potencial de se transformarem em atores se continuarem em boas mãos.

BZ, 18 de maio de 1929

Um passeio pelos estúdios — estão gravando filmes mudos

Sprengbagger [*Escavadeiras explosivas*] no Terra-Glashaus

O dr. (Carl Ludwig) Achaz-Duisberg chama seu novo filme de *Sprengbagger 1010*, e o gravou por conta própria — foi sua primeira vez. Hans von Wolzogen auxiliou como produtor, e (Artur) von Schwertführer como cinegrafista. A destruição da Terra causada pela expansão da indústria forma a base do filme. O enredo de verdade, feito para vender ingressos, conta com atores famosos, primeiramente as amáveis Viola Garden e Ilse Stobrava, além de Heinrich George e (Ivan) Koval-Samborsky.

O voo noturno de Marlene Dietrich

No aeroporto de Staaken, um avião largo, cinza e enorme — iluminado por luzes de alerta violeta. A asa e a fuselagem exibem o número D 1231. Logo, esse não é um avião qualquer — é o avião que bateu um recorde, ficando 65 horas no ar.

O que ele está fazendo aqui no aeroporto de Staaken? É parte do enredo de um filme — *Schiff der verlorenen Menschen* [*O navio dos homens perdidos*, 1929], gravado pela produtora Max Glass Film —, e ele para aqui quando Marlene Dietrich parte para o voo noturno que a tira do salão de baile só para colocá-la com pressa no isolamento do oceano: a cena noturna mostra a partida, que continua sendo ensaiada, de novo e de novo, até finalmente ser gravada. Confiável, real e sem nenhuma dificuldade, o avião entra no jogo... ele deve saber que, depois de bater um recorde, um vencedor precisa ser filmado, então passa por esse processo com graça e honradez.

O novo filme de Henny Porten

Alguns meses atrás, um estranho caso de anseio pela maternidade fez com que uma mulher roubasse o filho de outra pessoa. Henny Porten leu a reportagem no BZ, não conseguiu deixá-la de lado e resolveu fazer um filme sobre isso. Friedrich Raff e Julius Urgiss escreveram o roteiro, que ela agora gravou com Georg Jacoby como diretor. Suas cenas, que foram exibidas no Staaken, são emocionantes: simples, sinceras, cheias de lágrimas — lágrimas de verdade, a boca dela tremendo como se ela mesma estivesse passando por aquilo, enquanto suas mãos agarram e examinam a criança, uma atriz mirim surpreendentemente talentosa, a pequena Inge. Os pais da criança são interpretados por Elisabeth Pinajeff e Ernst Stahl-Nachbaur.

Dieterle está gravando um filme novamente

Wilhelm Dieterle, que parecia ter desaparecido totalmente dos palcos e das telas por um bom tempo, pode ser encontrado de novo no estúdio trabalhando em mais um filme. Usando um roteiro feito por sua esposa, Charlotte Hagenbruch, ele interpreta o papel principal em *Frühlingsrauschen — Tränen, die ich dir geweint* [*Farfalhar da primavera — Lágrimas que derramei por você*, 1929], com Lien Deyers, Vivian Gibson e Elsa Wagner; o próprio Dieterle dirigiu o filme.

Filmes experimentais

O Filmstudio 1929 foi fundado como o primeiro estúdio cinematográfico alemão sob a direção de Moriz Seeler, Robert Siodmak e Edgar Ulmer. O Filmstudio 1929 fará filmes experimentais de modo cooperativo, independentemente de qualquer exigência do setor. O primeiro trabalho do tipo feito pelo estúdio será o filme *Summer 29* [*Verão 29*]. Todo o elenco é formado por amadores.

O novo programa da UFA, 1929-30

O novo programa da UFA é composto de vinte produções extravagantes, a maioria sendo produzida como filmes falados. Surge a necessidade de gravar versões mudas completamente independentes para todos os filmes falados da UFA; ou seja, centenas de metros são gravados para esses filmes e não são incorporados à versão falada; isso precisa ser feito para fornecer um filme mudo de primeira classe para cinemas que não conseguem exibir filmes falados. Por outro lado, os filmes mudos para cinemas que estão equipados para exibir filmes falados recebem um entretenimento sonoro que consiste em músicas, ruídos de fundo e efeitos sonoros.

A mulher mais rica do mundo

Este *Aventuras de viagem em duas partes do mundo* francês é um fracasso completo. Você nem consegue aproveitar a sedutora paisagem egípcia e os milenares monumentos culturais, já que a fotografia tem falhas profundas. Seria melhor colocar um véu de silêncio caridoso sobre os conteúdos, que são uma cafonice pura e inalterada. Os diretores (M. Bandal e Ch. Delac), que colocaram uma grande quantidade de amor entediante ali, e Lee Parry — ah, nem me fale!

BZ, 21 de junho de 1929

Das verschwundene Testament [*O testamento desaparecido*, 1929]
NO KAMMERSPIELE

Quando Carlo Aldini, um detetive, está trabalhando em um caso, lutando por todos os lados, os vagabundos na sua frente e a polícia atrás, com certeza haverá tensão, surpresas. Busca, ataque, fuga, cena de perseguição — aventuras selvagens, com as quais ele lida com garra e uma agilidade acrobática incrível. Um homem de verdade!

Tudo que Rolf Randolf, o roteirista (com o dr. Emanuel Alfieri) e diretor, precisou fazer foi dar a Aldini os bordões e colocá-lo na posição certa. E ele fez isso maravilhosamente bem. O filme é um bom entretenimento. Também há uma dose saudável de humor com a encantadora coadjuvante que Siegfried Arno interpreta com um envolvente efeito cômico. Daisy d'Ora também está muito bem. Hans Junkermann, Jack Mylong-Münz e J. W. Speerger completam o grupo animado. Os aplausos foram generosos.

BZ, 9 de julho de 1929

Asas de Rapina (1929)
NO PAVILHÃO DA UFA

As histórias de Velho Oeste, envolvendo caseiros cruéis, vizinhos gananciosos e brutos ladrões de beira de estrada são certamente ásperas, com episódios ingenuamente concebidos até o final — mas, mesmo assim, há algo impressionante nesses filmes de pradaria. Quando são gravados com tanta experiência e cuidado quanto Arthur Rosson teve aqui, seu efeito é tocante e estimulante, especialmente se tiverem um figurão de inteligência incomparável como Hoot Gibson no papel principal. Além de tudo, ele tem um senso de humor irresistível. Ruth Elder, a aviadora, se sai muito bem em sua estreia nas telas. Os aplausos foram generosos.

BZ, 13 de agosto de 1929

Männer ohne Beruf [*Homens sem trabalho*, 1929]
NO UFA PALACE AM ZOO

Harry Piel vai atrás de traficantes de mulheres! Um sujeito multitalentos que faz picadinho dos vilões, perseguindo-os pelos becos estreitos e pelos esconderijos de Marselha. O resultado é uma grande diversão.

Robert Liebmann prova ser um excelente guia pelo labirinto de caminhos retorcidos nessa interessante e envolvente aventura de detetive cheia de incidentes cômicos. E Harry, um ator experiente, sabe exatamente como criar o clima para esse tipo de coisa, com garra e inteligência, de um jeito cativante e divertido.

Como ator, Piel (que também é o diretor) está mais encantador que nunca. Dary Holm impressiona atuando ao lado dele, e o enorme elenco adicional, cujos destaques são o jovial Albert Paulig e a talentosa Edith Meinhard, trabalha bem nos papéis coadjuvantes. O sucesso foi forte e genuíno.

BZ, 14 de agosto de 1929

Laubenkolonie (também conhecido como *Die lustigen Musikanten*) [*Os músicos felizes*, 1930]
NO PRIMUS PALACE

Um divertido filme falado. O cenário é Berlim, nem sempre uma decisão acertada, mas vista com humor e representada de forma divertida. Franz Rauch e Max Obal, que também dirigiram esse filme com entusiasmo e gosto, observaram com clareza hortas comunitárias e capturaram alguns encontros agradáveis. Uma bela história de amor sem sentimentalismo e a excursão amarga de um viúvo idoso ao segundo casamento com uma cantora de cabaré são o que une esse levemente divergente conjunto de cenas.

O público logo foi fisgado pela agradável comédia, e seu divertimento foi elevado pelo claro entusiasmo dos atores. Fritz Kampers mais uma vez faz o papel de um garoto do interior durão e corajoso; Camilla Spira, uma presença rara nas telas, é uma garota doce e amigável. Hermann Picha e Erika Glässner, o casal incompatível, além de Julius Falkenstein e Hans Hermann, que adicionam um elemento de humor, às vezes criado por eles mesmos quando a cena não foi capaz de providenciar nenhum.

BZ, 25 de outubro de 1930

Susanne macht Ordnung [*Susanne organiza*, 1930]
NO ATRIUM

Uma farsa, com um pouco de cantoria, um pouco de dança e bastante humor: rostos satisfeitos, aplausos robustos, um sucesso particularmente gratificante porque houve duas "estreias" exibidas neste lançamento. O diretor-roteirista, Eugen Thiele, e seu coautor, Wolfgang Wilhelm, não conceberam um roteiro terrivelmente original, mas o animaram com uma comédia de situações refrescante e incisiva.

Thiele se move pelo apressado filme no qual inúmeras coisas inconsequentes, destinadas apenas ao entretenimento, precisam ser filmadas, e o elenco o segue com afinco e entusiasmo. Na frente está Szöke Szakall, advogado de casos bem difíceis, que teve um dia excelente. Na mesma linha, temos um conjunto de pais incautos — Truus Van Aalten está em uma missão bem animada —, os cômicos Kurt Lilien e Martin Kettner, enquanto o pai de verdade, Albert Paulig, fica discretamente nos bastidores. A imperturbável compostura de Max Ehrlich faz um bom trabalho ao mexer os pauzinhos desse jogo de intrigas. O papel de amante é bem servido por Franz Lederer.

BZ, 21 de novembro de 1930

FONTES
Fakt e Heldane Text

PAPEL
Avena

IMPRESSÃO
Lis Gráfica